한 번쯤 찾아본다면 절대로 후회하지 않을
태고의 자연이 살아 숨 쉬는 선비의 고장

경북
북부
여행

송해범(宋海範) 교수님

고려대학교 농과대학 축산학과
日本京都大學 농학박사
대구대학교 동물자원학과 교수

초판 인쇄일 2012년 3월 5일
초판 발행일 2012년 3월 10일

지은이 송해범
발행인 박정모
등록번호 제9-295호
발행처 도서출판 혜지원
주소 (130-844) 서울시 동대문구 장안 1동 420-3호
전화 02)2212-1227 팩스 02)2247-1227
홈페이지 www.hyejiwon.co.kr

편집진행 송유선
본문디자인 박혜경
표지디자인 안홍준
영업마케팅 김남권, 황대일, 서지영
ISBN 978-89-8379-742-1
정가 13,000원

Copyright ⓒ 2012 by 송해범 All rights reserved.
No Part of this book may be reproduced or transmitted in any form, by any means without the prior written permission on the publisher.
이 책은 저작권법에 의해 보호를 받는 저작물이므로 어떠한 형태의 무단 전재나 복제도 금합니다.
본문 중에 인용한 제품명은 각 개발사의 등록상표이며, 특허법과 저작권법 등에 의해 보호를 받고 있습니다.

한 번쯤 찾아본다면 절대로 후회하지 않을
태고의 자연이 살아 숨 쉬는 선비의 고장

경북 북부 여행

송해범 지음

혜지견

머리말

태고의 자연이 살아 숨 쉬는 선비의 고장
경북 북부 여행

　직업상 영남지방의 농촌과 산촌을 많이 탐방하였지만 여행안내를 위한 책을 내기에는 부족한 점이 많아 망설였는데, 제자들의 간곡한 권유로 경북 북부지방을 여행할 사람들에게 길잡이가 될 수 있는 원고를 작성하기로 결심하고 지난 1년간 틈틈이 다시 둘러보게 되었다.

　태백산맥과 소백산맥의 '양백'에서 뻗어 내리는 산줄기와 흘러내리는 물줄기를 받아내는 경북 북부지방은 명산과 명산을 근간으로 하는 수려한 계곡이 수없이 많다.

　경북 북부지방은 선비의 고장답게 우리나라 5대 서원 중 소수서원, 도산서원, 병산서원 등이 자리 잡고 있고 유네스코 세계문화유산으로 지정된 하회마을을 비롯한 전통마을과 고택이 많이 남아 있으며, 또한, 부석사, 봉정사, 고운사, 용문사 등 천년고찰이 많아 불교와 유교의 유적과 유물이 다수 보존되어 있어 사적으로 지정된 유적이 많다. 국보와 보물 등 국가문화재와 지방문화재로 지정된 유물도 많으며, 아울러 빼어난 자연경관으로 인하여 명승으로 지정된 곳도 매우 많다.

　그리고 경북 북부지방은 오랜 역사와 전통이 주민들의 생활 속에 오늘날까지 고스란히 남아 있고, 오랜 세월이 흘렀음에도 불구하고 옛날의 조용하고 고즈넉한 분위기를 한 번에 느낄 수 있는 옛 모습과 태고의 자연이 살아 숨 쉬고 있는 매력적인 지방이다.

　한편, 경북 북부지방의 유명한 명소는 물론이고, 잘 알려져 있지 않은 비경, 토속적인 고유의 맛을 그대로 간직한 맛집과 특산물, 우리나라에서 유일하지만 사라

져가는 뜻밖의 명소와 각종 문화재를 빠트리지 않으려고 노력하였으나, 자연과학을 전공한 필자는 전문분야가 아니기에 여행지마다의 생생한 모습을 묘사하는 능력이 부족하고, 문장 또한 너무 딱딱하며, 사진이 미흡한 점 등 아직도 부족한 부분이 너무 많다고 자인한다. 하지만 한 번쯤 찾아본다면 절대로 후회하지 않을 곳을 엄선하여 추천하였으므로 경북 북부지방을 여행할 때 지참하면 좋은 길잡이가 될 것으로 기대한다.

  원고를 탈고할 때까지 많은 도움을 주신 혜지원 출판사 박정모 사장님을 비롯하여 책을 디자인하신 출판부 직원 여러분에게 심심한 감사를 드린다. 필자의 준비 부족으로 미흡한 자료를 보충해 주신 봉화군 문화관광과, 안동시 문화예술과, 영양군 문화관광과, 영주시 관광산업과, 예천군 문화관광과, 의성군 새마을문화과와 청송군 문화관광과의 담당자 여러분께도 감사 인사를 드린다. 끝으로 이 책의 간행을 물심양면으로 도와준 제자들과 회사 일이 바쁘면서도 몇 차례에 걸쳐 여행지를 동행하며 사진촬영에 도움을 준 제자 박성백, 신재민, 설현석, 이준호 군과 막내아들 재용, 아내 김숙자에게도 감사드린다.

2012년 2월 29일
송해범

간행사

30여 년간을 우리나라 축산학의 발전은 물론 축산농가의 소득향상과 후진양성을 위해 헌신하여 오신 송해범 교수님께서 어언 정년을 맞이하시게 되었습니다. 그동안 후진양성과 사회봉사에 한평생을 바치신 노고에 진심으로 존경의 뜻을 표합니다.

이와 같이 뜻깊은 날을 맞이하여 그동안 심혈을 기울여 집필하신 『경북 북부 여행』의 발간을 진심으로 축하드립니다. 그동안 교수님께서는 축산농가의 소득향상을 위해 영남지방의 축산농가를 수없이 방문하시던 중, 혼자만 보기에는 아까운 경치 좋고 유서 깊은 여러 명소들을 많은 사람들에게 알려주시고 싶은 마음에 농촌과 산촌을 순회하시며 취미로 찍으신 사진과 원고를 정리하여 『경북 북부 여행』을 발간하게 되었으며, 이는 후학들에게 훌륭한 연구자와 참다운 스승상의 귀감이 될 것이기에 저희들에게는 큰 기쁨이 아닐 수 없습니다.

농촌 태생이신 교수님께서는 농촌이 빈곤에서 벗어나려면 축산업을 도입한 유축농업으로 영농구조를 개선하여 농가의 소득을 향상시켜야만 한다는 것을 항상 강조하셨습니다. 고려대학교 농과대학 축산학과를 졸업하신 후, 동 대학원 축산학과에서 〈姙娠兎 生殖器官의 變化에 關하여 Ⅰ. 膣의 變化에 關하여〉의 논문으로 석사학위를 취득하시고, 日本 京都大學 대학원 농학연구과에서 〈STUDIES OF FERTILIZATION IN VITRO IN THE GOAT〉의 논문으로 박사학위를 취득하셨으며, 30여 년간의 학문연구를 오로지 가축번식학 분야에 전념하시어 10여 권의 저서와 100여 편의 연구논문을 발표하심으로써 축산에 관한 새로운 학술과 기술을 개발하시어 축산학과 농업발전에 기여하셨습니다. 뿐만 아니라 많은 국내외 학회에서 학술활동을 활발히 하셔서 축산의 지속적인 발전과 축산기술의 국제교류에도 큰 공을 세우셨습니다.

  교수님께서는 1986년 대구대학교에 부임하신 뒤, 오랫동안 축산학과장(동물자원학과장), 부속농장장, 자연자원대학장 등 많은 중책을 수행하시면서 축산학과와 자연자원대학의 기반조성과 학문적 환경의 정비는 물론 많은 후학들을 지도 육성하셨으며, 우리 축산인의 인화단결과 제자들의 진로 및 지도에 남다른 관심과 보살핌으로 정성을 다해 오신 고마움을 우리는 결코 잊을 수 없습니다. 그 외에도 우리나라 축산업발전을 위한 수많은 연수회, 강습회, 교육훈련 등을 통하여 축산지도자와 축산농민에게까지도 직접 축산기술을 보급하기에 정성과 열정을 바쳐 정진하셨습니다.

  교수님께서는 학부학생의 교육과 지도뿐만 아니라 여러 가지 열악한 환경인 가축번식학연구실에서 박사 5명, 석사 23명을 지도하셨으며, 항상 흐트러짐이 없이 맑고 밝은 자세로 강단에 임하시며 해박한 지식과 폭넓은 경험을 바탕으로 보다 현실적인 학문을 가르치셨을 뿐만 아니라 인생을 올곧게 살아가는 선비정신을 가르치시고, 온화하고 원만한 성품으로 후진들을 사랑하시고 이해하시며 격려를 아끼지 않으시는 스승으로서의 덕망과 학자로서의 품위로 제자들에게 많은 교훈을 주셨습니다.

  사회적으로는 경상북도농업기술원의 겸임연구관, 경상북도 농업산학심의회의 심의위원, 대구경북염소축산업협동조합의 자문위원 등으로 활동하시며, 교수님의 실용적 연구결과를 농가소득 향상에 활용함으로써 산학협동에도 큰 공을 세우셨습니다.

  이제 한평생을 우리나라 축산분야의 학문과 농업발전을 위하여 봉사하시고, 후진양성에 정성을 바쳐 오신 송해범 교수님의 정년을 맞이하여 제자와 문하생 일동이 교수님의 은공에 조금이나마 보답하고자 그동안 교수님께서 이루어놓으신 학문적 업적과 학덕을 기리기 위해 교수님께서 바쁘신 와중에도 틈틈이 집필하신 『경북북부 여행』을 발간하여 정든 교단을 떠나시는 교수님께 드리는 바입니다.

막상 교수님께서 정들었던 교단을 떠나셔서 항상 계시던 연구실에 계시지 않는다고 생각하니 그간 교수님께 의지하고 지도받던 우리 모두의 마음 한구석의 허전하고 섭섭한 마음은 무어라 표현할 길이 없습니다.

하지만 교수님께 정년이 연구와 강단의 끝이 아니라 보다 여유로운 마음과 생활로 앞으로도 계속 우리나라 축산업발전을 위하여 힘써주시고 저희들을 계속 지도해주시며 사회와 후진들에게 큰 힘이 되어 주실 것이라고 믿습니다.

끝으로 교수님의 가정에 항상 만복이 깃드시고 더욱 건강하시기를 기원하면서 의욕적이고 근면하시면서 후덕하신 모습을 오래오래 보여주시기를 간절히 바랍니다.

2012년 2월 29일
대구대학교 생명환경대학 동물자원학과 제자와
대구대학교 대학원 가축번식학연구실 문하생 일동
삼가드립니다.

목차

1장
태고의 멋을 간직한 자연이 살아 숨 쉬는 고장
봉화군 여행

01 이몽룡의 고향 가평리 • 20
02 열목어의 서식지 대현천의 백천계곡 • 23
03 명승 지정예고지 도암정과 황전마을 • 25
04 감입곡류천(嵌入曲流川) 매호유원지(이나리 강변) • 27
05 물 반 다슬기 반인 골짜기 반야계곡 • 29
06 태백산에서 으뜸인 계곡 백리장천 구마계곡 • 30
07 100년의 역사를 자랑하는 토착교회 봉화 척곡교회 • 31
08 봉화군의 유일한 국보 북지리 마애여래좌상 • 33
09 산골의 전형적인 민가 분천리 도토마리집과 까치구멍집 • 34
10 출천지효(出天之孝)의 명당 사미정유원지 • 36
11 수덕자의 마을 산수유마을과 천주교성지 • 37
12 대표적인 금계포란형 마을 석천계곡과 닭실마을 • 38
13 산간지방의 서민주택 설매리3겹까치구멍집 • 41
14 단풍ㆍ눈꽃 열차의 종점 승부역 • 43
15 주세붕이 극찬한 약수 오전약수 • 45
16 남한강의 발원지 우구치계곡 • 46
17 『정감록』의 10승지 참새골 • 47
18 영남의 소금강 청량산 • 48
19 태백산맥의 영산 태백산 • 50

　봉화군 그 외의 여행지 • 52
　봉화군의 안내지도와 교통지도 • 57
　봉화군의 축제 및 문화행사 • 57

목차

봉화군의 재래시장 • 58
봉화군의 체험관광, 고택체험과 숙박시설 • 58
봉화군의 맛집 • 59

2장
올곧은 선비정신과 유교문화
그윽한 정신문화의 수도
안동시 여행

01 경상북도 산림과학박물관 • 62
02 농암유적지와 고산정 • 64
03 한국정신문화의 성지 도산서원과 시사단 • 67
04 예(禮)의 건축물 병산서원 • 70
05 현존하는 우리나라 최고의 목조건축물
　　봉정사 극락전 • 73
06 안동간고등어 • 75
07 안동문화의 진수 안동민속박물관과 석빙고 • 76
08 1,200년 된 술 안동소주박물관 • 78
09 기와에 쌍비용문이 숨어 있는 건물 안동 소호헌 • 79
10 소태같이 쓴 나무 안동송사리소태나무 • 81
11 한국 최고의 전탑 안동신세동칠층전탑 • 82
12 성주풀이의 시발점 안동이천동 마애여래입상 • 83
13 초대국무령 이상룡이 태어난 집 안동임청각 • 85
14 안동포전시관과 안동포마을 • 87
15 안동시민의 휴식처
　　암산유원지와 구리의 측백나무자생지 • 89
16 시인과 묵객의 고향 영호루 • 91

목차

17 음식문화의 발상지 오천유적지 • 93
18 20억 원을 들여 살린 나무 용계의 은행나무 • 95
19 '사부곡'의 전설 월령교 • 97
20 선비정신의 산실 의성김씨 내앞종택 • 99
21 자연의 아름다움과 예스러움을 간직한 곳
  지례예술촌 • 102
22 유네스코 문화유산 하회마을 • 103
23 하회세계탈박물관 • 107
24 조선 선비의 자존심과 격조가 있는 종가 학봉종택 • 108
25 학암고택 • 110
26 유교문화의 산책과 체험을 할 수 있는 공간
  한국국학진흥원 • 112
27 고려의 개국공신 태사묘 • 113
  안동시 그 외의 여행지 • 114
  안동시의 축제 및 문화행사 • 121
  안동시의 재래시장 • 121
  안동시의 체험관광, 고택체험과 숙박시설 • 122
  안동시의 맛집 • 125

3장
자연과 문학이 함께 어우러진
고추의 고장
영양군 여행

01 예술지상주의 시인 오일도의 고향
  감천유원지(계곡)와 감천리 측백나무 숲 • 130
02 멸종위기 야생동물의 천국 곡강팔경 • 131

목차

03 『음식디미방』의 산실 두들마을 • 132

04 마을을 지켜주는 '장수나무' 만지송 • 135

05 한 폭의 산수화
　　본신계곡과 금강소나무생태경영림 • 136

06 영양군의 유일한 국보 봉감모전오층석탑 • 137

07 영양군에서 가장 오래된 정자 삼구정 • 139

08 조선시대 민가의 대표적인 연못 서석지 • 140

09 남이장군의 전설을 간직한 곳 선바위와 남이포 • 142

10 우리나라 최대의 반딧불이 서식지
　　수하계곡과 반딧불이 생태공원 • 144

11 고추의 명산지 영양고추 홍보전시관 • 146

12 산촌의 삶과 문화를 가꾸는 곳
　　영양 산촌생활박물관 • 147

13 일제 수탈의 흔적이 남아 있는 길
　　외씨버선길과 일월산자생화공원 • 149

14 내륙에서 가장 먼저 일출을 볼 수 있는 곳 일월산 • 151

15 청록파 시인 조지훈의 고향
　　주실마을과 시인의 숲 • 153

16 『동국이상국집』에 소개된 술 초화주 • 155

　　영양군 그 외의 여행지 • 156

　　영양군의 축제 및 문화행사 • 160

　　영양군의 재래시장 • 160

　　영양군의 체험관광, 고택체험과 숙박시설 • 160

　　영양군의 맛집 • 161

목차

4장
태백산권의 중심이자
수려한 청산의 선비의 고장

영주시 여행

01 직절익공집 괴헌고택과 덕산고택 • 164
02 신선이 노닐던 곳 금선계곡과 금선정 • 166
03 단종 복위운동의 성지 금성단과 압각수 • 168
04 고즈넉한 옛 멋을 간직한 전통마을 무섬마을 • 170
05 불교문화재의 보고 부석사 • 172
06 기품 있는 선비의 풍모를 지닌 영남의 명산
　소백산과 소백산하수오 • 176
07 오장육부를 튼튼하게 하는 술 소백산오정주 • 179
08 사립대학의 효시 소수서원과 선비촌 • 180
09 단종 복위운동의 중심지
　순흥도호부 터와 사현정 • 184
10 고구려의 기상
　순흥읍내리 벽화고분과 태장리1호 고분 • 186
11 사실주의 불상
　영주가흥동마애삼존불상과 암각화 • 188
12 선비고기 영주문어 • 190
13 영풍병산리갈참나무 • 191
14 의술을 베풀던 정자 제민루 • 193
15 「죽계별곡」의 배경 죽계구곡과 소백산자락길 • 194
16 먼 옛날 꿈과 희망을 담고 서울로 가던 길
　죽령옛길 • 196
17 풍기인견 판매장 • 198
18 풍기인삼시장 • 199
19 고려시대의 보물을 소장한 종택
　화기리인동장씨종택 • 201

목차

20 흑석사 • 202
21 훈민정음의 혼이 서린 사찰 희방사와 희방폭포 • 203
영주시 그 외의 여행지 • 205
영주시의 축제 및 문화행사 • 209
영주시의 재래시장 • 209
영주시의 체험관광, 고택체험과 숙박시설 • 210
영주시의 맛집 • 211

5장
물 맑고 인정이 많은
충효의 고장

예천군 여행

01 고택의 돌담길을 걷는 선비의 여유 금당실마을 • 214
02 무명의 절 터 동본리삼층석탑과 석조여래입상 • 217
03 천연림이 무성한 계곡 명봉계곡 • 218
04 우리나라에 남아 있는 유일한 마지막 주막
   삼강주막과 회화나무 • 220
05 장학금을 주는 부자나무 석송령 • 223
06 450여 년의 역사를 간직한 유서 깊은 명승지
   선몽대 • 225
07 윤장대로 유명한 천년고찰 용문사 • 227
08 신비로운 곤충세계와의 만남
   예천군산업곤충연구소 • 229
09 유지앵소형국의 명당 예천권씨영사당종택 • 230
10 명당 중의 명당 예천권씨 초간종택별당 • 231
11 농요의 수호자 예천통명농요 전수관 • 233
12 약포 정탁의 유물각 정충사 • 234

목차

- 13 규모는 작아도 보물을 많이 간직한 사찰 **청룡사** • 235
- 14 『대동운부군옥』의 산실 **초간정과 초간정원림** • 236
- 15 가장 오래된 '철조부처님'을 봉안한 사찰 **한천사** • 239
- 16 세금을 내는 부자나무 **황목근** • 240
- 17 육지 속의 작은 섬마을 **회룡포** • 242
  - 예천군 그 외의 여행지 • 244
  - 예천군의 안내지도와 교통지도 • 247
  - 예천군의 축제 및 문화행사 • 247
  - 예천군의 재래시장 • 247
  - 예천군의 체험관광, 고택체험과 숙박시설 • 248
  - 예천군의 맛집 • 249

6장
의(義) 충(忠) 효(孝) 예(禮)와 마늘로 유명한 예향의 고장
의성군 여행

- 01 최치원이 득도한 사찰 **고운사** • 252
- 02 한반도 최초의 화산 **금성산과 수정사** • 254
- 03 영남 4대루의 하나로 꼽히는 누각 **문소루** • 255
- 04 목화의 발상지 **문익점면작기념비와 문익점목면유전비** • 256
- 05 왜가리의 천국 **사촌 숲(서림)과 사촌마을** • 258
- 06 대감마을 **산운마을과 산운생태공원** • 261
- 07 마지막 남은 성냥공장 **성광성냥공업사** • 263
- 08 우리나라 최고 품질의 마늘 **의성마늘** • 265
- 09 천연기념물 **의성 빙계리 얼음골과 빙계서원** • 266
- 10 의성군의 유일한 국보 **의성탑리오층석탑** • 269

11 사라진 왕국의 흔적
　조문국의 고분군과 경덕왕릉 • 270
12 한반도에서 가장 규모가 큰 공룡 유적
　제오리 공룡발자국 화석 • 272
　의성군 그 외의 여행지 • 274
　의성군의 축제 및 문화행사 • 277
　의성군의 재래시장 • 277
　의성군의 체험관광, 고택체험과 숙박시설 • 277
　의성군의 맛집 • 278

7장
푸른 숲과 맑은 물의
신선세계

청송군 여행

01 위장병에 특효인 약수 달기약수탕 • 282
02 조물주의 걸작품 백석탄 • 284
03 99칸의 대저택 송소고택 • 286
04 청송의 제1경 신성계곡과 방호정 • 288
05 가장 무거운 약수물 신촌약수 • 289
06 용이 승천한 용소가 있는 계곡
　월외계곡과 달기폭포 • 290
07 하늘아래 별천지 절골계곡 • 291
08 영화 〈봄, 여름, 가을, 겨울 그리고 봄〉의 촬영지
　주산지 • 292
09 주왕의 전설이 깃든 신비한 산 주왕산 • 294
10 소헌왕후의 혼 찬경루와 운봉관 • 297
11 사랑 약속의 상징 청송관리왕버들과 만세송 • 299

12 전국제일 청송사과 • 301
13 자연과 인공의 조화 청송 얼음골과 인공폭포 • 302
14 승천하지 못한 이무기가 변한 바위 현비암 • 304
15 벼락을 막아주는 나무 홍원리개오동나무 • 305
　청송군 그 외의 여행지 • 306
　청송군의 축제 및 문화행사 • 311
　청송군의 재래시장 • 311
　청송군의 체험관광, 고택체험과 숙박시설 • 311
　청송군의 맛집 • 312

1장

태고의 멋을 간직한 자연이
살아 숨 쉬는 고장

봉화군 여행

태백산맥과 소백산맥이 갈라지는 중심에 위치한 봉화군은 면적의 83%가 산으로 둘러싸여 있고, 사람의 손길이 거의 닿지 않은 수많은 산, 깨끗한 자연, 울창한 숲, 기암괴석 등 태고의 신비를 그대로 간직한 자연의 향기가 물씬 풍기며, 유서 깊은 문화유산이 많이 남아 있다.

또 봉화군은 푸근한 고향의 정취를 맛볼 수 있고, 친환경 농·축·임산물이 많이 생산되는 천혜의 고장이며, 춘양목(금강송), 봉화송이, 봉화사과, 봉화유기 등의 특산물이 유명하다. (봉화군 문화관광과 전화 : 054-679-6316)

이몽룡 생가
봉화군 제공

01 이몽룡의 고향
가평리

『춘향전』의 성춘향과 이도령(이몽룡)의 두 주인공은 지금까지 성춘향과 이도령으로 알려져 있지만 연세대학교 설성경 교수가 1999년 11월 〈이몽룡의 러브스토리〉라는 주제의 연구논문에서 이도령을 성도령으로 불러야 한다고 주장하였다.

이몽룡의 본래 이름은 성이성(成以性, 1595~1664)으로 광해군과 인조 때의 실존인물이다. 성이성은 남원부사로 부임한 아버지인 성안의(成安義, 1561~1629)를 따라 전라도 남원에 머무르는 동안 기생(춘향)을 사귀었고, 수십 년 세월이 흐른 뒤 암행어사가 되어 호남지역을 순회하다가 남원을 찾았으나 사랑하던 그 기생은 죽고 말았다.

성이성의 일기 등을 후손이 편집한 『계서선생일고(溪西先生逸稿)』, 성이성의

4대손 성섭(成涉, 1718~1788)이 지은『필원산어(筆苑散語)』,『조선왕조실록』등 각종 사료와 민간에서 구전된 설화와 면밀하게 대조 분석한 결과 이도령은 실존한 인물인 성이성이라는 결론이다.

실제 인물 성이성의 행적과『춘향전』의 주인공 이도령과의 밀접한 관계는『춘향전』의 '암행어사 출두 장면'에 그대로 유입된『필원산어』의 한 대목에 의해 더욱 구체적으로 뒷받침된다.

성섭이 지은『필원산어』에 성이성의 암행어사 출두 장면을 자세하게 기록하고 있는데, 두 글자가 틀리지만 의미는 똑같으므로『춘향전』의 암행어사 출두 장면과 완전히 일치한다.

우리 고조가 암행어사로 호남에 갔을 때 암행하여 한곳에 이르니 호남 열두 읍의 수령들이 크게 잔치를 베풀고 있었다. 한낮에 암행어사가 걸인 모양으로 음식을 청하니, 관리들이 말하기를 "객이 능히 시를 지을 줄 안다면 이 자리에 종일 있으면서 술과 음식을 마음껏 먹어도 좋겠지만 그렇지 못하면 속히 돌아감만 못하리라."고 하자, 곧 한 장의 종이를 청하여 시를 써주었다.

"독에 아름다운 술은 천 사람의 피요, 소반 위의 기름진 안주는 만백성의 기름이라, 촛불의 눈물 떨어질 때 백성의 눈물 떨어진다."

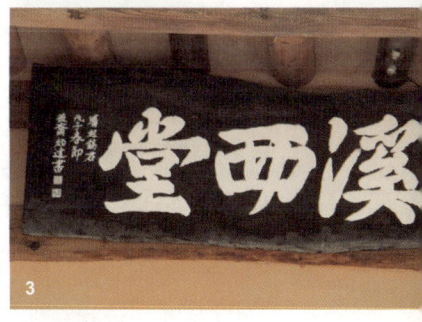

1 계서당 안내판
2, 3 계서당

보호수

쓰기를 마치고 내놓으니. 여러 관리들이 돌려가며 보고는 의아해 할 즈음 서리들이 "암행어사 출두"를 외치며 달려 들어가자, 여러 관리들은 일시에 모두 흩어졌다. 당일에 파직시킨 자가 여섯이나 되었다.

『춘향전』의 원문은 "金樽美酒千人血/玉盤嘉肴萬姓膏/燭淚落時民淚落/歌聲高處怨聲高"로 되어 있으나, 『필원산어』는 '金→尊', '玉→高'만 다르다.

봉화군 물야면 가평리에는 성이성이 건립하여 준공하고, 자제들의 훈학과 후학 배양에 힘쓴 곳으로 알려진 가평리 계서당(중요민속자료 제171호)의 우측 상단에 강직 개결(介潔)하고 소신이 있고 의연하였던 청백리 성이성을 추모, 흠모, 제향하기 위한 사당이 남아 있다. 성이성이 1616년 생원시에 합격하였던 교지, 인조 5년(1627)에 신년시 과거시험에 합격하여 임금이 직접 하사한 종이꽃 어사화, 창령성씨 계서공파 족보, 성이성이 암행어사 직을 명받고 암행어사 출두 시 얼굴을 가렸던 얼굴 가리개(사선, 紗扇), 『필원산어』, 『교과문고』 전 3권, 『계서선생일고』(호남 암행록) 등이 보관되어 있다.

사당 옆에 있는 멋있게 생긴 노송은 봉화군 보호수로 지정되어 있다.

02 열목어의 서식지
대현천의 백천계곡

   봉화군 석포면 대현리와 소천면 소재지에 위치한 대현천은 석포면과 소천면 사이에 큰 재(늦 재)가 있어 교통의 분수령이 되어 대현(大峴)이라고 한다.
   태백산(1,567m)과 청옥산에서 발원하여 백천계곡을 지나 석포면 육송정에서 태백시 황지못에서 발원하는 낙동강 지류에 합류하는 소하천을 대현천이라 한다. 대현천의 백천계곡은 세계적인 희귀어종인 열목어의 서식지로 천연기념물 제74호로 지정되었으며 열목어가 사는 세계 최남단 지역이다.
   백천계곡은 잣나무 숲이 우거진 계곡이란 뜻이며, 열목어는 연어과의 민물고기로 체장이 30~70cm나 되어 길고 옆으로 납작하다. 한여름에 수온이 20°C이상 올라가면 살지 못하고 산소량이 많은 1급수에서만 살 수 있다.

1 열목어 서식지 표지석
2 열목어(봉화군 제공)
3 달바위봉(봉화군 제공)

주위에 있는 달바위봉(月岩峰)은 푸른 산 위에 암석 봉우리가 우뚝 솟아 있어 멀리서 보면 마치 달이 둥실 떠 있는 듯한 기묘한 형상을 하고 있다.

도암정의 겨울 풍경
봉화군 제공

03 명승 지정예고지
도암정과 황전마을

봉화읍 거촌 2리 황전마을에 있는 도암정(陶巖亭)은 1650년 황파(黃坡) 김종걸(金宗傑)이 건축하였는데, 정자의 전면에는 방형의 연못을 조성하였고, 주위의 바위와 고목들이 정자와 좋은 조화를 이루고 있어 조선시대 사대부들의 뛰어난 조경미를 잘 나타내주고 있다.

현재는 경북민속자료 제54호로 지정되어 있으나, 2010년 3월 18일 문화재청이 명승 지정을 예고하였다.

황전마을

황전마을은 의성김씨의 집성촌으로 경상북도 '효(孝) 시범마을'로 선정되었

1 도암정 **2** 효 시범마을 표지석 **3** 바위와 고목(봉화군 보호수) **4** 경암헌

고, 고색창연한 옛집들 사이로 잘 꾸며진 정원과 돌담길이 오밀조밀 정겹게 조화를 이루고 있으며, 봉화군의 전통마을 중 하나로 민박도 가능하다.

마을의 중심에 있는 경상북도 민속자료 제53호 경암헌(畊庵軒)은 원래 영양 남씨 문중의 종택으로 남구수(南龜壽)가 1600년경에 건설하였던 집인데, 후에 사위인 김흠(金欽)에게 물려주면서 의성김씨 문중으로 이양되어 지금은 김씨댁 종가가 되었는데, 다른 고택건물에서는 보기 드문 독특한 모습을 하고 있다.

황전마을 부근에 있는 영화 〈워낭소리〉 촬영지를 둘러보는 것도 의미가 있을 것이다.

감입곡류하천

04 감입곡류천(嵌入曲流川)
매호유원지(이나리 강변)

　명호면 도천 1리에 있는 매호유원지는 태백산에서 발원하는 낙동강 본류와 운곡천의 합류점으로 영남의 젖줄인 낙동강의 공식적인 기점으로 책정되어 있다.

　합류하는 지점은 강폭이 넓어 비로소 강으로 명명될 수 있으며, 약 500년 전 안동권씨 사온이라는 분이 낙동강과 운곡천이 만나고 태백산맥과 일월산맥 황우산의 교차점으로 산수가 수려하고 매화꽃이 떨어지는 형국이라 하여 매호(梅湖)라 불렀는데, 행정구역 개편으로 명호(明湖)라 불렸다고 한다.

　매호유원지는 우리나라의 대표적인 감입곡류천이 발달한 곳이다. 감입곡류천이란 평지에서 자유롭게 곡류하던 하천이 육지의 융기나 해수면의 하강으로 하천의 위치에너지가 커져 아래 방향으로 에너지가 작용함에 따라 하방 침식

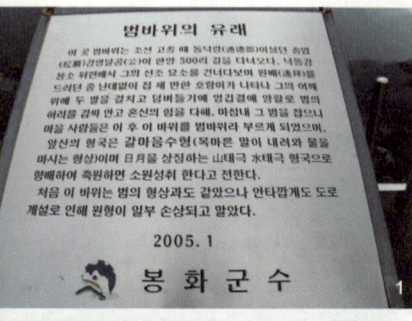

1 범바위의 유래 안내판
2 매호유원지의 래프팅 체험(봉화군 제공)

이 강화되고, 이에 하천이 깊게 파고들어 절벽에 가까운 계곡을 형성하는 하천을 말한다.

하천 양안에는 하안 단구가 곳곳에 발달하는데, 이 역시 육지의 융기나 해수면의 하강과 관련된 지형이다. 하안 단구는 빙하기 때에 하천의 침식으로 단구면이 형성된 것으로 이후 육지의 융기운동의 영향으로 현재의 모습을 나타내고 있다.

매호유원지 부근에는 3단의 단구면이 형성되어 있으며 각각의 단구면은 취락이나 농경지로 이용되고 있다.

억겁의 세월을 통한 하천의 하방침식으로 깎아지른 듯한 감입곡류와 까마득한 절벽 아래로 이어지는 옥빛 물의 소용돌이는 일품이다.

이나리강 중간 명호에서 오마교 잠수교까지의 7~8km 구간은 래프팅의 최적지로 서너 군데의 여울은 급류를 만들었다가 짜릿한 스릴의 여운이 채 가시기도 전에 또 다른 스릴을 맛볼 수 있으며, 잔잔한 나머지 구간도 주변의 경관이 아름다워 지루할 틈이 없다.

봉화군 제공

05 물 반 다슬기 반인 골짜기
반야계곡

    봉화군 석포면 승부리에 위치한 반야계곡은 면산과 묘산을 지나 서쪽으로 흐르다가 낙동강과 합류하는 계곡으로 13km에 이른다. 계곡의 물이 거울처럼 맑고 주변의 숲이 울창하며, 크고 작은 기묘한 바위가 물속에서 한 번 더 살아날 정도로 수려한 산세를 자랑한다. 특히 공기가 맑고 깨끗하며 다슬기가 무진장으로 많아 찾는 이의 가슴을 설레게 하는 비경이다.

    울창한 숲 사이로 난 가파른 노루목을 오르면 짙은 녹음 사이로 탁 트인 들판의 반야마을이 나타난다. 넓은 들이라는 뜻의 반야마을은 소반 같은 모양으로 반야계곡에 감춰진 또 하나의 비경이다. 반야마을은 흉년, 전염병, 전쟁의 삼재를 걱정하지 않아도 되는 마을로 한때 100호가 넘게 사람들이 살았으나, 화전민 이주정책으로 어린아이의 울음소리가 사라졌다고 한다.

봉화군 제공

06 태백산에서 으뜸인 계곡
백리장천 구마계곡

　봉화군 소천면 고선2리와 현동리에 위치한 구마계곡은 고선계곡이라고도 하는데, 태백산에서 발원하는 계곡 중 가장 길어 40km나 되며, 기암괴석과 절벽, 소, 숲 등 천혜의 자연조건을 두루 갖추었다. 풍수지리설에 의하면 구마계곡은 아홉 필의 말이 한 기둥에 매여 있는 구마일주의 명당에서 유래되었는데, 아무도 이 명당을 찾지 못하였다고 한다.
　구마계곡 입구의 백담 당 숲의 커다란 노송림은 여행자의 더위를 식혀 주며 중리, 소현, 마방, 노루목, 큰 터, 간기, 도화동 등 자연부락을 거쳐 태백산에 이르게 된다. 천류불식(川流不息) 백리장천(百里長川)의 깨끗한 물과 자연경관은 천하제일의 피서지이다.

07 100년의 역사를 자랑하는 토착교회
봉화 척곡교회

    봉화군 법전면(法田面) 척곡1리(陟谷一里) 청량산 자락의 산골마을에 있는 척곡교회는 대한제국 탁지부 관리를 지냈던 김종숙이 1907년에 창립한 교회로 예배당과 명동서숙은 1909년경에 건립한 건물이다. 당시 대다수의 초기 교회 건물이 'ㄱ'자형 또는 'ㅡ'자형으로 지어진 데 반해 정사각형인 'ㅁ'자형 건물로 동서쪽에 각각 솟을대문 형식의 출입문을 두어 남녀의 출입을 구분하고, 예배당과 명동서숙을 구분 짓는 자연석 담장이 둘러져 있다.

    이 땅의 초기교회는 대부분 외국 선교사들에 의해 설립되었지만 척곡교회는 개인의 선구적 의지에 의해 설립되어 100여 년 동안 옛 모습을 지켜온 흔치 않은 교회이다.

1 척곡교회
2 명동서숙

원래 초기 한국교회는 예배당과 교육시설을 함께 존치하여 신앙과 신지식인 교육을 겸비한 인재를 양성하는 전통을 가지고 있었는데, 현재 이 두 가지 시설을 원형대로 간직하고 있는 교회는 봉화척곡교회가 유일하다. 척곡교회의 예배당과 명동서숙은 구한말 한국의 소규모 종교 및 교육시설의 특징을 잘 보여주는 문화유산으로서 건축사, 종교사 및 향토사적으로 귀중한 가치를 지니고 있다.

척곡교회는 겉은 보잘 것 없는 허름한 교회지만, 교회사의 백미로 등록문화재 제257호로 지정되었고, 한국예수교장로회총회에서 한국기독교 사적 제3호로 지정하였다.

임종빈 담임목사의 설명에 의하면 이곳 명동서숙이 1907년에 건립되었고, 북간도로 이주한 김종숙의 제자가 1908년 북간도에도 명동서숙을 설립하였다고 하며, 설립 당시의 식사기도문이 지금도 남아 있는데, 아마 우리나라에서 가장 오래된 식사기도문일 것이라고 자랑하였다.

08 봉화군의 유일한 국보
북지리 마애여래좌상

　봉화군 물야면 북지리에 위치한 마애여래좌상은 원래 감실안의 본존불로 조성된 보기 드문 신라시대(7세기 후반)의 거대한 석불로, 여기저기 균열이 있지만 아직도 부처님의 위용이 여전히 남아 있으며 거의 원각불에 가깝게 음각으로 새겼기 때문에 위엄스러움이 더욱 돋보이고 있어 봉화군에서는 유일하게 국보 제201호로 지정되었다.
　북지리 마애여래좌상은 불상 주위에 새긴 화불들과 함께 7세기 중엽의 위엄스럽고 자비로운 불상미를 잘 보여주고 있다.

도토마리집

09 산골의 전형적인 민가
분천리 도토마리집과 까치구멍집

경상북도 민속자료 제107호와 제108호로 지정된 분천리 도토마리집과 까치구멍집은 봉화군 소천면 분천리 황목(黃木)의 수안골에 있으며 19세기 말에 건축된 산골의 전형적인 민가다.

도토마리집은 까치구멍집이 분포되어 있는 지역에 공존하였던 민가의 유형으로 평면의 모양이 마치 베틀의 도토마리와 같이 생겼다고 해서 붙여진 이름이다. 특징은 가운데에 부엌이 있고 양 끝으로는 1칸짜리 방을 만든 것으로 봉당 앞뒤의 널문 틀에 상부 둔테를 쇠못을 쓰지 않고 장부로만 결구(結構)하여 고정시킨 점이다. 또 짐승의 피해를 막기 위하여 장작이나 통나무로 발을 만들어 놓아 각주를 세웠으며, 벽은 봉당과 외양간 전면은 널벽이며 나머지는 심이 있는 토벽이다.

　부엌을 한가운데 배치하여 부엌의 이용과 겨울철의 실내온도 조절 및 외양간 관리가 편리하도록 했으며, 북부지방으로 갈수록 내부공간이 확장되는 경향은 까치구멍집과 맥을 같이 한다.

까치구멍집

　까치구멍집은 지붕용마루의 양쪽에 공기의 유통을 위하여 구멍을 낸 모양이 까치둥지와 비슷하다 하여 붙은 이름으로 집안에서 생기는 연기를 빼내고 빛을 받아들이도록 건축된 가옥이다.

　도토마리집과 까치구멍집은 태백산맥에 많이 산재해 있으나, 경북지방의 가장 위쪽에 위치한 지리적 특성을 잘 나타내고 있는 민가주택이다.

1 까치구멍집 전경
2 까치구멍집 화장실
3 까치구멍집과 화장실

사미정
봉화군청 제공

10 출천지효(出天之孝)의 명당
사미정유원지

　봉화군 법전면 소천2리에 위치한 사미정은 처음 옥천(玉川) 조덕린(趙德隣)이 효종 9년(1737) 창주정을 건립하였다가 후에 후손들이 중수하고 사미정(思美亭)으로 이름을 바꾸었다. 사미정은 경상북도 문화재자료 제276호로 지정되었으며 35번 국도에 연접해 있고, 운곡천의 맑은 물과 금강송 숲, 넓은 바위 등 주변 경관이 뛰어나고 민물어종이 풍부한 계곡이다.
　주위에 효자로 이름난 옥계(玉溪) 김명흠(金明欽)의 학덕과 효행을 추모하여 건립한 옥계정(玉溪亭)과 주변 경치가 수려한 동미소가 있다.

산수유 마을의 봄 풍경
봉화군 제공

11 수덕자의 마을
산수유마을과 천주교성지

봉성면 동양리에 있는 두동마을은 마을 뒤에서 물이 흐른다고 해서 뒤뜨물로 불리다가 띠띠미로 굳어져 수백 년간 띠띠미마을이라고 불린다.

주민이라야 고작 20가구 남짓하지만 남양홍씨 집성촌으로 주민의 절반이 남양홍씨이고, 대부분이 산수유 농사를 짓고 있다.

두동마을 기슭에서 1993년 수덕자 홍유한(洪儒漢)의 묘소가 발견되면서 천주교 성지로 복원하게 되었다.

농은(隴隱) 홍유한(1726~1785)은 성호 이익의 제자로 유학자였지만 벼슬길을 마다하고 그 누구에게도 배운 바 없는 '칠극'과 '천주실의'를 통해 알게 된 일곱 가지 죄와 그를 씻는 덕행을 실천한 수덕자로, 홍유한의 후손 중에는 7명의 순교자가 있었다고 한다.

석천계곡

12 대표적인 금계포란형 마을
석천계곡과 닭실마을

　봉화읍 삼계1리와 유곡1리(속칭 달실마을)에 위치한 석천계곡은 문수산(1,206m)을 분수령으로 남서로 흐르는 창평천과 닭실마을 뒤에서 흘러내리는 동막천이 유곡 앞에서 합류하여 기암괴석으로 이루어진 계곡이다.
　석천계곡은 맑은 물과 울창한 금강송, 기암괴석으로 이루어져 자연경관이 수려하고, 조선 중종 때의 문신인 충정공 충재(忠宰) 권벌(權橃) 선생의 뜻을 기리기 위하여 장자 청암 권동보가 지은 석천정사가 더욱 고아한 분위기를 주는 아름다운 계곡이다.
　유곡은 마을의 모양이 풍수지리상 '금계포란형'의 지세라 닭실마을이라고 부르게 되었다. 충재 권벌의 선조가 1380년 처음으로 개척한 마을로 500여 년간 안동권씨가 집성촌을 이루고 살아온 본터로 많은 인재가 배출되었으며 많

1 청암정 2 석천정사 3 석천정사(봉화군 제공)

은 유적과 유물이 남아 있다.

　닭실마을에는 충재 선생의 유적지로 거북바위 위에 노송과 연못이 잘 어우러지게 건립한 청암정, 삼계서원, 권씨 종가와 충재유물전시관 등이 있다. 충재유물전시관에는 『충재일기』(보물 제261호), 『근사록』(보물 제262호), 『충재권벌종손가소장전적』(보물 제896호), 『충재권벌종손가소장고문서』(보물 제901호), 『충재 권벌종손가소장유묵』(보물 제902호) 등 조선시대 유교문화의 많은 유물이 보물로 지정되어 보관되어 있다.

1 충재유물전시관 2 충재일기(봉화군 제공) 3 근사록(봉화군 제공) 4, 5 닭실한과

    닭실마을은 20여 명의 주부들이 모여 600년 이상의 전통을 자랑하는 유명한 닭실한과를 재현하여 전국적으로 판매하고 있다. (닭실종가 전통유과 전화:054-674-0788)

13 산간지방의 서민주택
설매리3겹까치구멍집

상운면 설매리에 있는 3겹까치구멍집은 구조가 현대식 아파트의 전신이라 할 수 있으며 약 170여 년 전에 건립된 것으로 추측되는 건물이다. 정면 3칸, 측면 3칸 규모인데 입구의 봉당을 중심으로 좌측에는 외양간, 우측에는 부엌을 두었고 외양간 상부에는 다락을 두고 마루에서 출입할 수 있도록 하였다.

뒤쪽에는 마루를 중심으로 좌측에 사랑방과 아랫방을, 우측에 안방을 두었으며, 안방과 부엌 사이에는 작은 바라지창을 달았다. 그리고 대청 상부 지붕마루 양 끝에 낸 까치구멍은 집 내부에서 밥을 짓고 쇠죽을 끓이고 관솔을 피울 때 발생하는 연기를 외부로 배출하고, 낮에는 빛을 받아들여 어두운 집안을 밝게 해주는 기능을 한다.

또한 창문 대신 흙벽에 작은 구멍을 낸 모습이나 안방과 부엌 사이에 둔 바

설매리겹집

라지창, 외양간 위의 빈 공간을 막아 만든 수납용 공간인 다락, 부엌의 선반용 찬장 등에서 이 지역 서민들의 소박하고 실용적인 생활모습을 볼 수 있다.

산간지방 민가들은 추운 겨울에 잘 적응하고 산짐승의 침입을 막기 위해 겹집 또는 삼겹집의 구성을 하고, 지붕이 넓어지기 때문에 팔작지붕의 형태를 취하고, 지붕의 용마루 끝에 구멍을 내어 집안에서 생기는 연기를 빼내고 빛을 받아들이는 형태이다. 이러한 형태의 집을 '까치구멍집'이라 한다.

이 집은 안동지역 겹집이 뒤쪽으로 확장되면서 나타난 3겹 평면의 까치구멍집이라는 희귀성과 산간지역 서민생활의 모습을 잘 담고 있다는 점에서 민속적 가치를 인정받아 중요민속자료 제247호로 지정되었다.

상운면 설매리는 깊은 산속에 숨겨져 있는 산골마을로 예전에는 까치구멍집이 주류를 이루었던 것으로 보이며, 현재도 설매리겹집(경북민속자료 제109호) 등 일부가 남아 있다.

승부역의 설경
봉화군 제공

14 단풍·눈꽃 열차의 종점
승부역

열차가 아니면 갈 수 없는 우리나라에서 가장 외진 곳에 자리 잡고 있는 간이역인 승부역은 봉화군 석포면에 위치하고 있다.

승부역은 "하늘도 세 평이요, 꽃밭도 세 평이나, 영동의 심장이요, 수송의 동맥이다"라고 돌에 상징글귀가 새겨져 있는데 마당도 세 평이라고 한다.

봉화군은 매년 10월 초부터 11월 초에 '환상선 단풍 열차', 12월부터 이듬해 2월까지 '환상선 눈꽃 열차'를 운행하고 있다.

청량리역, 대전역, 군산역, 남원역에서 출발하는 1일코스에서 열차가 승부역에 정차하는 시간은 약 1시간 30분이다. 소원을 빌면 한 번은 들어준다는 용관바위, 임진왜란 당시 병사들이 투구로 받아먹고 전염병이 깨끗이 나았다는 투구봉 약수, 낙동강을 가로지르는 약 70m의 출렁다리, 이승만 대통령의

1 상징글귀를 새긴 표석
2 출렁다리

친필인 영암선 개통기념비, 삼림욕과 함께 맑은 공기만 마셔도 본전을 찾을 수 있는 약 1.5km의 고즈넉한 오솔길과 청정 계곡수가 일품이다.

역 앞에 있는 먹거리 시장에 가면 청정 봉화에서 나는 농·특산물(특히 자연산 송이, 각종 산나물, 고사리, 토종대추, 잡곡류, 누에가루 등) 전시판매장이 있는데, 장작불을 이용하여 재래식 방법으로 만들어 구수한 맛이 고향의 정취를 물씬 풍기는 토종 순두부, 승부에서 생산된 메밀로 만든 메밀묵, 봉화송이의 독특한 향과 맛이 승부의 토종감자와 어우러져 색다른 맛을 내는 송이감자전, 솔잎을 갈아 만들어 그윽한 솔향기까지 곁들어진 구수한 솔 칼국수, 옥수수 막걸리 등 여러 가지 무공해 신토불이 천연식품을 맛보고 구입할 수 있다.

15 주세붕이 극찬한 약수
오전약수

혀끝을 톡 쏘는 듯한 청량감이 일품인 오전약수는 물 1ℓ에 유리탄산 1.01mg, 마그네슘 47.2mg, 칼슘 44.8mg, 염소 10.6mg이 함유되어 있어 조선시대 전국 약수대회에서 1등을 하였다고 전해져 오고 있으며, 위장병과 피부병 치료에 특히 효험이 있는 탄산약수이다.

중종 때 풍기군수 신재(愼齋) 주세붕(周世鵬)이 약수를 마시고 "마음의 병을 고치는 좋은 스승에 비길 만하다"고 칭송했다는 기록이 있고, 약수터 옆 바위에 "맑고 깨끗한 마음을 지니라"는 뜻의 주세붕 휘호가 남아 있다. 부정한 여인이 이 물을 마시려고 하자 맑게 흐르던 물이 흙탕물로 변하고 뱀이 나왔다는 전설도 있다.

오전약수탕은 봉화군 물야면 오전리 선달산(1,234m)과 옥석산(1,076m) 아래 깊은 계곡에 위치하고 있으며, 예로부터 주위의 경치가 매우 아름답고 약수의 효험이 좋다고 소문이 나 있어서 많은 관광객이 찾아오는 곳이다. 주변의 음식점에서는 토속음식을 맛볼 수 있고, 민박도 가능하다. 특히 한여름에 아침 일찍 일어나면 안개와 어우러진 계곡의 경치가 무릉도원을 연상하게 하는 절경이다.

16 남한강의 발원지
우구치계곡

　봉화군 춘양면 우구치리의 우구치재 밑에 위치하고 있으며, 소의 입 모양과 같다고 하여 우구치(牛口峙)라 하였다. 봉화군 춘양면에서 영월 방면으로 약 20km를 가면 우구치계곡에 도달하게 되는데 자연경관이 매우 뛰어난 곳으로 남한강의 발원지로 알려져 있었으나, 1987년 국립지리원에서 도상실측 결과 남한강의 최장발원지는 514km인 태백시에 있는 대덕산 검룡소라고 공식적으로 인정되었다.

　약 8km 떨어져 있는 삼동산(1,180m)은 능선을 경계로 강원도와 경상도로 갈라지며, 무와 배추 같은 고랭지채소가 많이 경작되고 있고 우수한 감자종자를 보급하기 위한 감자 채종포와 연구소가 있다.

　주위에는 구점골 계곡, 디딜방아의 발판인 호박과 같이 생긴 호박소, 금정 금광의 잔재인 금광굴 등이 있다.

17 『정감록』의 10승지
참새골

  봉화군 춘양면 애당2리에 위치한 참새골은 옛날에 약수와 같은 참샘이 있었다는 설과 마을 북쪽에 있는 산이 참새가 날아가는 형국이라 하여 참새골이라고 불리었다는 설이 있다. 모든 계곡이 금강송 등의 수목으로 울창하며 자연경관이 뛰어난 천연의 요새이다. 참새골은 동이정, 참새골, 석문동, 장부골 등 4개의 자연부락을 통칭하는 말로, 특히 석문동은 마을 입구의 양쪽에 큰 바위가 우뚝 솟아 있어 그 사이로 사람이 겨우 통행할 수 있을 정도이므로 전쟁 시 피난을 하면 화를 면할 수 있는 천연의 요새지로 『정감록』의 10승지 중 하나이다.

  태백산 정상(망경대, 1,569m)까지 편도만 5시간이 소요되지만 등산로가 개발되어 있다. 입구에 순수한 춘양목의 통나무로만 건축한 참새골가든에서는 송이요리와 고향 맛이 나는 된장, 산나물 등 10여 가지나 상에 오르는 정식을 맛볼 수 있고, 민박도 가능하다.

청량산
봉화군 제공

18 영남의 소금강
청량산

　명호면의 남쪽에 있는 청량산은 1982년 8월 경상북도 도립공원으로 지정되고 명승 제23호로 지정된 명산으로, 12봉, 12대, 8굴이 기묘한 모습을 하고 있어 우리나라 3대 기암의 하나로 꼽힌다.

　청량산의 대표적 명승은 의상대사가 공부했다는 '의상굴', 신라의 명필 김생이 서도를 닦았다는 '김생굴', 최치원이 물을 마시고 정신이 맑아졌다는 고운대의 '청명수', 퇴계 이황이 공부하던 '오산당' 등이다.

　청량산은 기암절벽과 울창한 금강송으로 산도 아름답지만 불교와 유교의 문화유산이 많이 보존되어 있고, 삼국시대부터 조선의 많은 학자와 얽힌 설화가 많은 지역으로 낙동강이 휘감아 돌아나가는 천인절벽의 바위산으로 이루어진 험준한 지세는 외부의 침입을 방어하기에 유리한 조건을 갖추고 있는 천연의 요새이다.

　청량사 유리보전(경북유형문화재 제47호)은 신라 문무왕 3년(663)에 원효대사가 창건했다는 설과 동년 의상대사가 창건했다는 설이 있는 고찰로 건물의 큰 보 밑에 간주를 세워 후불벽을 구성한 특징은 다른 건물에서 보기 드문 중요한 자료로 평가되고 있으며, 유리보전의 현판은 공민왕의 친필로 알려져 있다.

　도마산성은 고려 제31대 공민왕이 홍건적의 난(1361년, 2차 홍건적의 난)을 피해 몽진해 왔다가 삼국시대에 축조된 것으로 추정되는 산성을 흙과 돌을 섞어 봉우리와 봉우리를 연결한 포곡식 성벽으로 개축한 성의 흔적이 남아 있으며, 군율을 어긴 죄수를 처형했다는 밀성대, 공민왕이 다섯 마리 말이 끄는 수레를 타고 순찰을 다녔다는 오마도(五馬道), 공민왕 당 등 공민왕과 관련된 유적과 많은 설화가 전해지고 있다.

　청량산은 지질연구의 보고로도 잘 알려져 있는데 크게 변성암류와 퇴적암류로 구분되나 퇴적암류가 대부분이고, 낙동강 변에서부터 울련산층, 동화치층, 가송동층, 청량산역암층, 오십봉현무암층, 도계동층 등으로 되어 있다고 한다.

1 청량산 김생굴
2 청량산 하늘다리
3 청량사 전경

19 | 태백산맥의 영산
태백산

  봉화군과 태백시 사이에 있는 태백산은 최고봉인 망경대(1,567m)와 장군봉(1,546m)을 중심으로 비교적 산세가 완만해 경관이 빼어나지는 않지만, 웅장하고 장중한 맛이 느껴지는 산으로 강원도 도립공원으로 지정되어 있다.

  태백산 정상에는 예로부터 하늘에 제사를 지내던 천제단(天祭檀 : 중요민속자료 제228호)이 있어 매년 개천절에 태백제를 열고 천제를 지낸다.

  태백산은 태백시 당골에서 출발하는 등산로만 이용해서 오를 수 있는 것으로 알려져 있으나, 봉화군에서도 강원도와 경상북도의 경계가 만나는 차돌베기 능선을 따라 등산을 하면 촛대봉과 향로봉의 단풍으로 물든 석산과 계곡에 다다르게 되고 여러 코스의 등산로가 있다.

  태백산맥과 소백산맥이 갈라지는 장군봉은 태백산 정상인 망경대보다 21m

1 태백산 설경(봉화군 제공) 2 태백산 석장승(봉화군 제공) 3 옛날 대백산사고(봉화군 제공)

가 낮지만 실제적인 태백산의 중심이고, 태백산은 산이 넓고 높아서 우구치계곡, 참새골, 백천계곡, 반야계곡, 구마계곡 등 크고 작은 많은 계곡이 발원한다. 봉화군 춘양면 애당2리 석문동에서 출발하는 등산로는 태고 이래 내륙지방에서 태백산 천제단을 오르던 길로서 단종비각을 참배하기 위해 지나던 마차 길의 흔적이 지금도 역력하게 남아 있다.

태백산 사고지(사적 제348호)는 선조 39년(1605)에 건립하여 1913년까지 300여 년간 『조선왕조실록』을 보관하던 곳으로 현재 터만 덩그러니 남아 있지만, 이런 산간오지에 『조선왕조실록』을 보관하였던 우리 조상들의 역사관을 엿볼 수 있는 좋은 교육 자료이다.

봉화군 그 외의 여행지

거촌리 쌍벽당

봉화읍 거촌리에 있는 쌍벽당의 안채는 명종 21년(1566)에 광산김씨 쌍벽당(雙碧堂) 김언구(金彦球)의 부친 김균(金筠)이 지었다는 기록이 있고, 조선시대 중기 양반의 주거생활상을 연구하는 데 중요한 자료로서, 중요민속자료 제170호로 지정되었다.

다덕약수탕

1 약수탕 2 골동품전시장

봉성면 우곡리에 있는 다덕약수탕은 봉화의 3대 청정 약수탕 중 하나로 예로부터 피부병과 위장병에 효험이 있다고 알려져 있다.

약수탕 주변에는 봉화군이 지정한 토종음식 점단지가 있어서 여러 가지 토속음식을 맛볼 수 있고, 봉화농특산물 직판장과 골동품전시장도 둘러볼 만하다.

만산고택과 한수정

춘양면 의양리에 있는 만산고택은 고종 15년(1878)에 만산(晚山) 강용(姜鎔, 1846~1934)이 건립한 가옥으로 경북민속자료 제121호로 지정되었다. 현판의 '晚山'은 대원군의 글씨라고 한다.

만산고택에서 조금 떨어진 곳에 있는 한수정(寒水亭)은 충재 권벌의 손자 권래(權來)가 선조 31년(1608)에 지은 정자로 경북유형문화재 제147호로 지정되었다. 한수정이란 찬물과 같이 맑은 정신으로 공부를 하는 정자라는 뜻이라고 한다.

1,2 만산고택

봉화국립수목원(춘양목군락지)과 춘양목체험관

춘양면 서벽리에 있는 춘양목군락지는 2012년부터 산림청에서 많은 예산을 들여 봉화국립수목원으로 다시 태어나게 되는데, 현재는 숲 해설가의 도움을 받아 춘양목군락지를 둘러볼 수 있다.

이웃에 있는 춘양목산림체험관은 봉화군이 운영하는데, 봉화군을 상징하는 춘양목과 송이를 주제로 한 춘양목과 청정 숲, 솔 내음 봉화송이, 파인토피아 봉화 등의 전시관이 있다. 입구에는 두네약수탕이 있다.

1 춘양군산림체험관
2 춘양목군락지

봉화유기장(고태주, 김선익)

봉화읍 삼계리에 있는 봉화유기공장의 고태주 씨와 내성유기공방의 김선익 씨가 경북 무형문화재 제22-가와 제22-나호 봉화유기장으로 지정되었다.

봉화유기장에서는 유기의 제조공정을 견학하고 체험할 수 있어 많은 관광객이 찾아온다.

축서사괘불탱(봉화군 제공)

봉화 축서사

의상대사가 부석사보다 일찍 신라 문무왕 13년(673)에 창건하였으므로 부석사의 큰 집이라고 일컬어졌었으나, 조선조 말기에 대부분의 건물이 소실되어 1994년에 중건하였다.

축서사에 있는 봉화축서사석불좌상부광배(석불비로자나불상)가 보물 제995호, 축서사 괘불탱화가 보물 제1,379호, 축서사 석등이 경북 문화재자료 제158호로 지정되었다.

오고당 구택

조선시대 말 조대비 신정왕후의 병환을 고치고, 고종으로부터 오고당(五高堂)의 호를 받은 명의 박한진(朴翰鎭)이 태어나고 자란 집으로 1820년대에 건립된 것으로 추정되는데, 사방집(까치구멍집이라고도 함)의 전형적인 수법을 보여주는 건물로 경북민속자료 제52호로 지정되었다.

청옥산자연휴양림

석포면 대현리에 있는 청옥산자연휴양림은 국립자연휴양림관리소(www.huyang.go.kr)가 운영하는데, 오토캠핑장 등 야영장 시설이 매우 잘 꾸며져 있다.

해저 만회고택

　봉화읍 해저리에 있는 만회고택은 조선 말기의 문신 만회(晚悔) 김건수(金建銖, 1790~1856)가 살던 집으로 정확한 건립 연대는 알 수 없으나, 안채(중요민속자료 제169-1호)는 조선 중기에 건축된 것으로 추측되고, 사랑채인 청풍헌(淸風軒, 중요민속자료 제169-2호)은 김건수가 건축하였고, 1850년에 수리하였다.

　해저리 마을은 고가가 많고 고즈넉한 마을로 한번 둘러보면 시골정취를 흠뻑 느낄 수 있는 전형적인 농촌마을이다.

봉화군의 안내지도와 교통지도

※ QR code를 활용하면 안내지도(좌)와 교통지도(우)를 더 자세하게 볼 수 있습니다.

봉화군의 축제 및 문화행사

※ QR code를 활용하면 봉화송이축제(좌)와 봉화은어축제(우)에 대한 더 많은 정보를 얻을 수 있습니다.

명칭	일정	장소	특징과 주제
명호이나리 강변축제	매년 7월 중	명호면 이나리강변	산과 함께 물과 함께
봉성돼지 숯불구이축제	매년 7월 중순 또는 10월 하순	봉성면 봉성장터	소나무숯불향기 그윽한 토속음식
봉화은어축제	7월 말(토)~ 8월 초(일)	봉화읍 내성천 일원	가족과 함께 떠나는 동심여행 은어 반두잡이, 은어 맨손잡이, 은어 숯불구이 시식 등
재산청량산 수박축제	8월 중순	재산초등학교	수박 시식회, 수박먹기대회, 자연산퇴비로 고랭지에서 재배한 복수박
봉화송이축제	9월 말(금)~ 10월 초(월)	봉화읍	자연의 향기! 봉화송이와 함께 송이채취체험, 봉화솔숲체험 등
청량문화제	9월 말(목)~ 10월 초(일)	봉화공설운동장 청량산	공민왕행차재현, 삼거줄다리기재현, 전통민속놀이체험, 청량산성길걷기체험 등

봉화군의 재래시장

재래시장 (위치)	장날	특산물과 특징
봉화장 (봉화읍)	2일, 7일	송이, 봉화한약우, 닭실한과, 봉화유기, 된장, 간장, 산나물, 산머루주, 봉화선주, 봉화벌꿀, 청정농산물(사과, 대추, 고추, 복수박, 딸기, 재산돌수박, 친환경쌀), 메주, 청국장, 고랭지화훼(거베라, 안개꽃, 국화) 등 매월 첫째장날 : 골동품(가구, 농기구 등) 경매
춘양장 (춘양면)	4일, 9일	송이, 춘양딸기, 토종약대추, 호두, 산나물, 소천엿술, 봉화한약우, 봉화선주, 청정농산물(사과, 복수박, 대추, 메밀) 등
봉성장 (봉성면)	3일, 8일	산나물, 봉성돼지숯불구이, 청정농산물(사과, 복수박, 재산돌수박) 등
명호장 (명호면)	1일, 6일	산나물, 청정농산물(사과, 복수박, 재산돌수박) 등

봉화군의 체험관광, 고택체험과 숙박시설

※ QR code를 활용하면 봉화군에서 추천하는 더 많은 자세한 정보를 얻을 수 있습니다.

이름	주소	전화번호
남호구택	봉화읍 해저리	054-673-2257
닭실민박	봉화읍 유곡리 1020	054-672-4349
해저참판댁	봉화읍 해저리	017-811-1155
큰기와집민박	명호면 도천리 265	054-672-2339
야옹정	상운면 구천리	010-8849-4692
권진사댁	춘양면 의양 3리	054-672-6118
만산고택	춘양면 의양리	054-672-3206

봉화군의 맛집

※ QR code를 활용하면 봉화군에서 추천하는 더 많은 자세한 정보를 얻을 수 있습니다.

맛집	주소(전화)	메뉴
도촌송어회식당	봉화읍 도촌리 109-7 (054-672-0567)	송어회
솔봉이송이요리전문점	봉화읍 내성리 232-11 (054-673-1090)	송이돌솥밥, 송이전골, 송아구이, 송이불고기
고향집식당	봉성면 동양리 450-1 (054-673-5046)	청국장
오시오숯불식육식당	봉성면 봉성리 388 (054-672-9012)	돼지고기숯불구이
초가식당	봉성면 우곡리 594-4 (054-673-9981)	송이뚝배기칼국수
까치소리	명호면 관창리 1730 (054-673-9777)	산채비빔밥, 송이버섯전골, 더덕구이정식, 된장찌개
봉화한우관식육식당	춘양면 의양 2리 (054-673-7332)	봉화한우구이, 육회, 치마살양념구이
참새골가든	춘양면 애당리 743 (054-674-0690)	산채비빔밥, 곤드레밥, 송이요리, 토종닭
홍가네매운탕	춘양면 소로리 669-5 (054-673-1541)	민물잡고기매운탕

봉성돼지숯불갈비거리의 오시오숯불식육식당 숯불갈비

춘양면의 봉화한우관식육식당의 육회

2장

올곧은 선비정신과 유교문화 그윽한
정신문화의 수도

안동시 여행

안동시는 태백산맥의 지맥이 동서 방향으로 횡단하여 북동쪽은 비교적 높고 남서쪽은 비교적 낮으며, 이들 산지 사이에 흐르는 낙동강 주위에 풍산평야가 형성되어 있다. 지리적으로 경북 북부지역의 한가운데에 위치하므로 고려시대부터 정치, 경제, 문화, 교육의 중심도시로 안동대도호부가 설치되었다.

안동시에는 유네스코문화유산에 등재된 하회마을, 우리나라 최고의 목조건물 봉정사 극락전, 성리학의 대가 퇴계(退溪) 이황(李滉)을 모신 도산서원과 서애(西厓) 류성룡(柳成龍)을 모신 병산서원을 비롯하여 향사를 지내고 있는 서원만 21개소에 이르러 많은 유교 및 불교문화유산을 간직한 고을이다.

안동시는 1894년 '안동의병'이 독립운동의 최초역사로 기록되었고, 상해임시정부초대국무령인 이상룡 선생과 국민회의의장인 김동삼 선생 등 출중한 독립운동가뿐 아니라 326명의 독립유공자(서울:293명, 대구:141명)가 나온 '독립운동의 성지'이다.

유교문화의 원형을 고스란히 간직한 안동시는 선비정신을 계승하고 독립운동가가 많이 배출되었으며, 전통과 예절이 살아 숨쉬는 '정신문화의 수도'이기도 하지만, 안동포, 안동소주, 안동간고등어, 안동식혜, 안동칼국수, 안동한우 등의 특산물이 유명하다. (안동시 문화예술과 전화:054-840-5230)

산림과학박물관 야외시설

01 경상북도 산림과학박물관

    도산면 동부리에 있는 경상북도 산림과학박물관은 산림문화를 창달하고 산림문화 학습장으로서의 역할을 수행하는, 유교문화권과 연계한 관광명소로 건립되었다.

    산림과학박물관은 21세기를 자연과 환경을 축으로 생명자원을 잘 가꾸고 보존하여 과학적으로 개발하여야 할 것이므로 산림문화공간의 역할을 홍보하기 위해 4개의 전시실과 테마시설, 야외 산림생태과학원 등으로 조성하였다.

    제1전시실은 산림의 역사와 자원을 테마로 숲의 탄생과 생물의 진화, 대자연의 경이로움을 입체적으로 연출하여 숲을 이해하는 데 도움이 되도록 하였다.

    제2전시실은 경북의 산림을 주제로 산림에 대한 어제, 오늘과 미래를 여러 가지 전시매체로 연출하여 산림녹화의 중요성을 알 수 있도록 하였다.

산림헌장

제3전시실은 나무의 마당이란 주제로 문화유적, 전통문화와 목재문화의 시대적 배경과 변천사를 한눈에 볼 수 있도록 구성하였다.

제4전시실은 생명과 문화의 숲을 주제로 문명의 발달이 환경을 오염시키고, 환경오염으로 인한 지구온난화, 대기오염, 산성비, 오존층 파괴 등과 개발에 의한 생태계 파괴, 산림훼손 등을 전시하여 환경의식을 재고시키고 있다.

테마시설로는 송이휴게실, 표본갤러리, 나무이야기, 위기의 숲, 4D입체영상실, 특산물 전시실, 야외 전시물과 산촌마을 등을 갖추고 있다.

산림생태과학원엔 휴양림, 식물원, 동물원, 생태 숲 등을 조성하였고 숲 해설가의 도움으로 숲에 관한 이야기와 체험도 할 수 있다.

고산정
안동시 제공

02 농암유적지와 고산정

　도산면 가송리에 있는 농암유적지에는 농암(聾巖) 이현보(李賢輔)의 고조부인 이헌(李軒)이 1370년경에 세운 경북유형문화재 제32호로 지정된 긍구당(肯構堂), 1710년경에 세운 농암종택, 분강서원, 농암시가비 등이 있는데, 긍구당은 퇴락하여 이현보가 중수하고 긍구당이란 편액을 붙였다는 별당이다. '긍구'는 '조상의 유업을 길이 이어가라'는 뜻이라고 한다. 농암종택은 고택체험도 할 수 있다. (전화:054-843-1202)

　농암 이현보(1467~1555)는 1542년 76세 때 병을 핑계로 벼슬을 그만두고 말년을 고향에 돌아와 후진양성에 힘썼는데, 조선시대 자연을 소재로 시조를 지은 대표적인 문인으로 『어부가』 등이 유명하다. 국문학사상 중요한 자리를 차지하고 있는 인물로 89세에 사망하자, 나라에서 '효(孝)'와 '절개(節槪)'를 기려 역사상 처음으로 '효절(孝節)'이라는 시호를 내렸다고 한다.

고산정

농암유적지에서 강 건너 청량산 자락에 있는 고산정(孤山亭)은 도산구곡 중 제8곡인 고산곡(일명 가송협, 佳松峽)에 퇴계 이황의 제자인 성성재(惺惺齋) 금난수(琴蘭秀, 1530~1604)가 세운 정자로 행정구역은 안동시 도산면 가송리이지만 청량산 공원 내에 위치하고 있으며, 낙동강과 정자가 조화를 이루어 한 폭의 그림을 연상케 하는데, 퇴계 이황이 청량산에 오고 갈 때 자주 들러 빼어난 경치를 즐기고 많은 시를 남겼다. 지금 보아도 퇴계선생의 『성학훈요 10결』을 이곳에서 완성한 것이 아닐까 생각된다.

『퇴계집』에 있는 이황의 시 〈서고산벽(書孤山壁)〉은 다음과 같이 고산정을 묘사하고 있다.

1 농암종택
2 분강서원
3 긍구당

日洞主人琴氏子
일동이라 그 주인 금씨란 이가
隔水呼問今在否
지금 있나 강 건너로 물어보았더니
耕夫揮手語不聞
쟁기꾼은 손 저으며 내 말 못 들은 듯

농암유적지에서 본 고산정

憎望雲山獨坐久
구름 걸린 산 바라보며 한참을 기다렸네

　예전에는 이곳에 학이 많이 서식하여 정자 왼쪽에 일제 때 조학번식지(鳥鶴蕃殖地)라는 천연기념물 비를 세웠다. 지금은 학이 거의 서식하지 않지만 비는 남아 있다.

도산서원

03 한국정신문화의 성지
도산서원과 시사단

　도산면 도계리에 있는 도산서원(陶山書院)은 퇴계(退溪) 이황(李滉)의 학문과 덕행을 기리고 추모하기 위해 선조 7년(1574)에 세웠는데, 사적 제170호로 지정되었다.

　도산서원의 건축물은 크게 도산서당과 도산서원으로 구분한다. 도산서당은 퇴계가 낙향하여 몸소 거처하면서 학문연구와 후진양성을 위해 퇴계가 직접 설계하여 명종 16년(1561)에 지었다. 도산서원은 퇴계의 품격과 학문을 공부하는 선비의 자세를 잘 반영하여 건축물이 전체적으로 간결하고 검소하게 꾸며졌으며, 퇴계가 돌아가신 후 유림에서 완공하였고, 선조 8년(1575)에 한석봉이 쓴 '도산서원'의 편액을 하사받은 사액서원으로서 영남유림의 총본산이 되었다.

1 박약재 **2** 홍의재
3 한석봉의 '도산서원' 현판이 있는 전교당

도산서원에는 퇴계의 위패를 모신 상덕사(尙德寺, 보물 제211호), 강학공간의 중심에 위치한 전교당(보물 제210호), 앞마당의 좌우에는 동재인 박약재(博約齋)와 서재인 홍의재(弘毅齋), 책판을 보관하는 장판각, 책을 보관하는 서고인 광명실, 제사를 준비하는 공간인 전사청, 농운정사, 상고직사, 하고직사, 역락서재 등이 있고, 퇴계가 직접 사용했던 유품을 전시한 옥진각이 있다.

퇴계는 지행합일의 방법으로 안으로 경건한 마음을 가지면서 아울러 진리를 탐구하는 '거경궁리(居敬窮理)'를 제안하였는데, 도산서원은 원리와 변화가 쌍을 이루어 변화하되 중심을 잃지 않고, 실용적 융통성을 의미하는 '경(敬)'의 건축이라 할 수 있다고 한다.

역락서재(亦樂書齋)의 현판은 퇴계의 친필이라고 하는데, '역락'은 『논어』에서 "유붕자원방래(有朋自遠方來)하니 불역락호(不亦樂乎)이다"에서 따온 말이라고 한다. 도산서당의 식수로 사용하던 우물도 정렬한천식(井冽寒泉食)이라는 이름이 새겨져 있는데, '무궁한 지식의 샘물을 두레박으로 하나하나 퍼내어 마시듯 자신의 부단한 노력으로 심신을 수양해야 한다'는 뜻이란다.

도산서원 입구에는 수백 년 된 소나무 숲과 갈참나무 2그루, 500년 이상 된 향나무(보호수) 등이 있고, 도산서원 맞은편 안동댐 석축 위에 세워진 그림같이 떠 있는 듯 보이는 시사단이 있어서 도산서원의 전경은 매우 아름답다.

시사단

　도산면 와촌리 도산서원 앞 안동댐 가운데에 있는 시사단(試士壇)은 안동댐이 수몰되기 전인 1975년 원래의 위치에 10m 높이의 축대를 쌓아 원형대로 옮겨 지었다. 정조 16년(1792)에 퇴계 이황의 학적과 유업을 기리는 뜻에서 도산별과(특별시험)를 신설하여 지방의 인재를 선발한 것을 기념하던 장소로 경북유형문화재 제33호로 지정되었다.
　시사단은 배를 타지 않으면 갈 수 없었으나, 지금은 잠수교 형태의 다리를 놓아 장마철을 제외하고는 걸어서 건널 수 있도록 하였다.

안동댐에 갇힌 시사단

병산서원 입구 복례문

04 예(禮)의 건축물
병산서원

　풍천면 병산리에 위치한 병산서원은 화산의 동남쪽 경사지에 남향하여 낙동강 건너의 병산절벽을 바라보고 있는데, 병산서원의 감동은 뛰어난 주변 환경에서 출발한다. 깎아지른 듯한 병산 절벽과 유연하게 흐르는 낙동강, 땅과 강을 연결해주는 넓은 백사장, 그리고 이러한 자연환경은 정교한 건축적 개념과 방법에 의해 병산서원의 내적 논리로 치환한다. 병산서원은 '예학의 대가' 정경세(鄭經世, 1563~1633)가 조선중기 서원정신이 한창 부흥하던 시기에 창건되었다. 도산서원이 '경'의 건축이라면, 병산서원은 '예'의 건축이라고 한다.

　서원 건축은 일반적으로 교학을 위한 강학 건물과 제향을 위한 제향 건물로 구분되는데, 병산서원은 복례문, 만대루, 동재와 서재, 입교당, 장판각의 강학 건물과 신문, 존덕사, 전사청의 제향 건물과 부속시설인 주소, 달팽이 뒷간, 광영지 등을 전학후묘로 잘 갖추고 있어서 서원건축의 백미로 불리고 있으며, 사적 제260호로 지정되었다.

앞마당을 가득 메운 배롱나무 군락을 지나 경내로 들어가면 병산서원의 첫인상은 수백 년 된 배롱나무와 잘 어우러진 압도적 지붕선의 위용이다.

서원의 정문은 3문(三門)이 일반적이지만 병산서원의 솟을삼문은 가운데 칸만 판문이고, 좌우로는 담장과 구분되는 벽채를 한 칸씩 두고 있다. 『논어』에서 공자의 가르침을 함축한 경구인 "극기복례위인(克己復禮爲仁)", 즉, "자기를 낮추고 예로 돌아가는 것이 곧 인(仁)이다"의 의미로 자기 절제의 정신을 표현한 복례문이다. 풍수지리에 의해 병산의 험한 형세를 피하기 위해 1921년 중반 때 이건하였다고 한다.

만대루는 병산서원에서 가장 잘 알려진 건물로서 건축과 조형미에서 그 가치를 인정받고 있다. 자연지형을 그대로 이용하여 지은 정면 7칸, 측면 2칸의 누각으로 휴식과 강학의 공간이다. 팔각기와집에 홑처마로 된 이 웅장한 건물은 인공적인 서원 건축과 자연 사이의 매개체 역할을 하는데, 병산서원을 대표하는 매우 아름다운 건축물로 한국 서원건축의 백미로 꼽는다.

입교당에서 병산을 바라보면 액자 안의 그림

1 병산서원 앞 모래사장
2 병산서원 입교당
3 만대루

배롱나무 노거수(보호수)

처럼 만대루 기둥 사이로 보이는 낙동강과 병산은 마치 7폭 병풍을 보는 듯한 아름다운 경관을 연출한다. 만대루에서 자연을 음미하는 것도 일품이지만, 꼭 이 자리에서 한번 봐야 하는 이유이다.

  이 외에도 병산서원의 부속건물로는 서원의 가장 핵심적인 강당인 입교당, 입교당과 만대루 사이의 마당을 가운데로 하고 동쪽과 서쪽에 마주하고 있는 유생들의 기숙사였던 동재와 서재, 책을 인쇄할 때 쓰이는 목판과 유물을 보관하던 장판각, 서원의 내삼문(內三門)에 해당하며 향사 때에 제관이 출입하는 신문, 서애와 수암의 위패가 모셔진 존덕사, 사당에 올릴 제수를 준비하는 전사청, 만대루와 복례문 사이에 있는 광영지, 서원의 관리와 식사를 준비하던 주소 등이 있다. 서원 밖 주소 앞에 있는 화장실인 달팽이 뒷간은 진흙돌담의 시작 부분이 끝 부분에 가리도록 둥글게 감아 놓은 모양새에서 이름을 따왔다고 한다.

봉정사 극락전과 삼층석탑

05 현존하는 우리나라 최고의 목조건축물
봉정사 극락전

　서후면 태장리에 있는 봉정사는 신라 문무왕 12년(672) 의상대사가 창건하였다고 전해지며, 6·25 전쟁으로 대부분의 자료가 소실되었으나, 1972년 봉정사 극락전을 해체하고 복원공사를 할 때 상량문에서 공민왕 12년(1363)에 극락전을 중수하였다는 기록이 발견되어 봉정사 극락전이 현존하는 우리나라 최고(最古)의 목조건물로 인정받게 되어 국보 제15호로 지정되었다.
　봉정사 대웅전은 보물 제55호로 지정되었다가 중창연대가 조선 초기로 밝혀지면서 다포건물로서는 가장 이른 시기에 건립된 것으로 인정받아 국보 제311호로 지정되었으며 단청의 수수함이 매력적이다.
　봉정사에는 화엄강당(보물 제448호), 고금당(보물 제449호), 만세루(덕휘루), 봉정사영산암(경북민속자료 제126호) 등의 중요 건축물과 고려시대의 대

1 봉정사 대웅전 2 만세루(덕휘루)

표적 석탑인 삼층석탑(경북유형문화재 제182호)이 있고, 대웅전 후불벽화는 조선 초기의 불화자료로 귀중한 역사적 자료다.

  봉정사 앞 언덕 위에는 신라시대 의상대사가 천등굴에서 천녀(天女)의 기적으로 도를 깨치고 흥국사를 세웠다고 하는 전설이 있는데, 관세음보살을 모셔 놓은 개목사원통전은 세조 3년(1457)에 축조한 것으로 추정되며, 조선전기 건축양식의 특징을 잘 간직하고 있어서 건축사 연구에 소중한 자료로 평가되어 보물 제242호로 지정되었다.

06 안동간고등어

　교통수단과 냉장시설이 발달하지 않았기 때문에 바다와 꽤 멀리 떨어져 있는 안동시에서 생선은 매우 귀하고, 가장 가까운 바다인 동해안에서 고등어를 가져오려면 1박 2일이 걸렸다. 강구에서 새벽에 출발하면 날이 저물어 황장재 넘어 산촌마을에서 저녁을 먹고 하룻밤을 쉴 수 있고 다시 새벽에 출발하면 임동면에 가서야 고등어를 장사꾼에게 넘길 수 있었다고 한다.

　이틀이나 걸리는 이동시간으로 인해 고등어가 상하지 않도록 소금을 치는 것이 필수적이었는데, 생선은 상하기 직전에 나오는 효소가 맛을 좋게 하기 때문에 안동간고등어는 소비지역까지 운반하여 소금 간을 하였으므로 가장 맛있는 간고등어가 되었다고 한다. 안동간고등어의 맛의 비결은 지리적 조건이 안동 주민에게 안겨준 선물이라고 할 수 있다.

　간고등어는 보부상과 같이 등짐을 메고 오지마을까지 찾아다니는 등금장수(등금쟁이)라는 상인들이 유통하였다고 한다. 이들은 바지게의 밑에 밥 단지를 소지하고 개울가에서 밥을 해서 반찬도 없이 끼니를 때우며 다녔다고 한다.

　안동간고등어 간잽이 경력 50년인 이동삼 씨는 안동간고등어 특유의 감칠맛을 내기가 쉽지 않다며 염장이 끝나면 직접 구워서 맛을 보고, 시중에 출하한다고 자랑한다.

1 안동간고등어 2 안동간고등어 간잽이 '명인'

선성현 객사

07 안동문화의 진수
안동민속박물관과 석빙고

　안동시 성곡동에 있는 안동민속박물관은 안동문화권의 민속 문화를 조사·연구·보존·전시함으로써 국민의 사회교육의 장으로 활용하고, 지방문화의 올바른 이해를 돕고, 시민의 휴식공간을 제공하기 위해 옥내박물관과 야외박물관으로 나뉘어 건립되었다.

　안동의 유교문화를 연출·전시하는 옥내박물관에는 제1전시실에 아기 점지부터 어린이 성장까지 서민들의 생활문화, 제2전시실에 관례부터 제례까지 양반들의 생활문화, 제3전시실에 안동문화권의 민속놀이가 모형으로 연출되어 있다. 야외박물관에는 보물 제305호인 석빙고와 선성현 객사(경북유형문화재 제29호), 안동사월동초가토담집(경북유형문화재 제4호) 등 20여 점의 중요문화재와 고가옥 등이 전시되어 있다.

1 석빙고 2 도토마리집 3 초가토담십 4 막운숙 초가겹집

석빙고

　야외박물관에 있는 석빙고는 낙동강에서 많이 잡히는 은어를 진상하기 위해 만들어진 것으로 빙실 길이 12.5m, 너비 6.1m, 높이 5.4m로 규모가 큰 편은 아니지만 동서로 흐르는 낙동강 기슭의 대지에 강줄기를 향하여 남북으로 경사지게 만들고 입구는 북쪽에 옆으로 축조되었는데, 안동댐 건설로 본래의 위치에서 약간 높은 현재의 위치로 옮겨지게 되었지만 보존상태가 매우 양호하다.

　매년 2월 초순에 전통문화콘텐츠개발사업단이 주최하는 석빙고에 얼음을 채워 넣는 장빙제가 낙동강 지류와 안동민속박물관 야외에서 열리는데 채빙, 운빙, 장빙 등 3가지 과정을 옛 모습대로 재현하는 행사가 열리고 있다. (전화:054-840-6091)

08 | 1,200년 된 술
안동소주박물관

1 안동소주박물관
2 안동소주 틀

안동시 수상동에 있는 안동소주박물관은 신라시대 이후 안동지방 명가에서 전수되어 오던 안동소주의 역사성과 문화성을 여러 사람에게 널리 홍보하고 후대에 전수하기 위하여 설립되었다.

박물관에는 안동소주의 유래와 제조과정, 한국의 민속주 종류, 술의 계보, 시대별 주병과 주배 등 200여 점을 중점적으로 전시하고, 체험장과 시음장도 갖추고 있으며, 우리 고유의 전통음식과 안동의 향토음식, 통과의례 모형 등 460여 점의 음식관련 자료를 전시하고 있다.

안동소주는 알코올 도수가 45°나 되는 순곡 증류주로 화근내가 약간 나지만 안동사람들이 천이백 년간 즐겨오던 술로 아무리 많이 마셔도 뒤끝이 아주 깨끗하여 많은 사람들이 애용하고 있다.

경북무형문화재 제12호로 지정된 전통적인 안동소주 비법으로 제조, 전승, 보존하고 있는 안동소주기능보유자인 조옥화 씨는 전통식품명인 제20호로도 지정되었다.

증류주는 곡물을 발효시킨 후 소주 고리관으로 증류하여 만들어진 술로 이슬처럼 받아내는 술이라 하여 노주(露酒)라고 하며, 화주(火酒), 한주(汗酒), 백주(白酒), 기주(氣酒)라고 부르기도 하는데, 중국은 당나라 때부터 증류식 술을 마셔 왔으므로 신라와 당의 밀접한 관계로 볼 때 안동소주도 신라 때부터 마셔왔다고 추정할 수 있다.

소호헌

09 기와에 쌍비용문이 숨어 있는 건물
안동 소호헌

　일직면 망호리에 있는 소호헌(蘇湖軒)은 명종(재위:1545~1567) 때 학자 대구서씨 함재(涵齋) 서해(西㴲)가 강학하였던 별당건물로 몇 차례 중수하였지만 보물 제475호로 지정되었다.

　소호헌은 정면 4칸, 측면 2칸이고 팔작지붕 건물이나 정면 3칸, 측면 2칸 크기의 대청과 정면 1칸, 측면 2칸 크기의 누마루가 있어서 평면은 'T'자형이다. 기와에 새겨진 쌍비용문(雙飛龍紋, 용 두 마리가 날고 있는 문양)은 민가에서 보기 드문 것이며, 건물에 나타나는 오래된 수법들은 조선시대 민가 건축 연구에 귀중한 자료로 평가되고 있다.

　이 동네를 굽이돌아 흐르는 안망천을 바라보는 조망이 몹시 좋아서 소호천이라고 불렀다는데, 지금은 바로 앞에 큰 도로가 나면서 과거와 같은 풍광은

은행나무(보호수)

모두 사라졌지만, 앞마당에는 소호헌의 역사를 대변해주는 수령 500년이 넘는 은행나무가 보호수로 지정되어 있다.

10 소태같이 쓴 나무
안동송사리소태나무

길안면 송사리의 송길 초등학교 뒤뜰에 있는 소태나무는 회화나무, 느티나무 및 팽나무와 함께 작은 숲을 이루어 자라고 있는데, 높이 14.6m, 둘레 3.2m(동), 2.3m(서)로 수령 약 400년 된 것으로 추정된다. 정확한 유래는 알 수 없으나 근처에 서낭당이 있고, 여러 그루의 크고 오래된 나무가 함께 있는 것으로 보아 성황림으로 보호된 것으로 추정된다. 매년 정월 대보름에 동제를 지내고 있는데, 생물학적 보존 가치가 높고 우리 조상들의 종교문화를 알 수 있는 문화적 가치가 인정되어 천연기념물 제174호로 지정되었다.

소태나무의 명칭은 나무의 속껍질과 물관부에 매우 쓴맛을 내는 쿠아신(quassin) 성분이 많이 함유되어 있으므로 소의 태처럼 지독하게 쓴 맛이 나는 데에서 유래되었다고 한다.

영국인 식물학자가 붙인 학명(Picrasma quassioides)이나 한자 이름 고목(苦木)에도 쓰다는 뜻이 포함되어 있으니, 이 나무의 가장 큰 특징은 쓴맛에 있다. 우리말에 '소태처럼 쓰다'란 말은 바로 이 소태나무에서 유래된 말이다.

소태맛, 소태 같다, 소태 씹은 얼굴 등의 표현은 궁색한 민초들의 생활상에 등장하는 말이고, 옛날 어머니들이 아기의 젖을 뗄 때 바르던 소태맛이지만, 가지와 열매는 구충, 소화불량, 위장염 등의 치료에 쓰인다.

11 한국 최고의 전탑
안동신세동칠층전탑

　안동시 법흥동 임청각 바로 옆에 있는 안동신세동 칠층전탑은 통일신라시대에 창건되었다는 법흥사에 세워진 전탑으로 추정된다. 성종18년(1487)에 개축 되었으며, 탑의 높이 16.8m, 기단의 너비 7.75m 로 국내에서 가장 크고 오래된 통일신라시대의 칠층 전탑으로 원형이 잘 보존되어 있고, 사료적 가치를 인정받아 국보 제16호로 지정되었다.

　기단은 방형(方形)으로 지상에 8부신중(八部神衆) 을 양각해서 동·남·북 3면에 각 6장씩 세우고 초 층 옥신 밑면의 공간은 원분모양으로 이루어졌으며, 정면계단은 단층기단 형식이다. 또한 8개의 계단 위 에는 높이 90cm, 너비 54cm의 감실이 있다.

　판석 조각의 수법은 시대가 같지 않은데, 탑신부는 무늬가 없는 회색 벽돌로 축조되었고 옥개 상면에는 곳곳에 기와를 입혔던 흔적이 남아 있으며, 상륜부 는 노반만 남아 있는데, 원래는 금동제 상륜이 있었다고 전해진다.

1 전탑 앞면(감실) **2** 감실 **3** 팔부신중

12 | 성주풀이의 시발점
안동이천동 마애여래입상

　이천동에 있는 안동이천동마애여래입상은 자연 화강암 암벽에 높이 9.95m, 너비 7.2m의 불신을 새기고 그 위에 높이 2.43m의 머리 부분을 조각하여 얹어 놓은 거구의 불상으로 인자하게 뻗은 긴 눈과 두터운 입술, 잔잔한 미소를 짓는 표정 등이 토속적인 느낌이 강한 고려시대 불상 양식으로 11세기경에 제작된 것으로 추정되는데, '이천동석불상' 또는 '제비원 미륵불'이라고도 하며, 보물 제115호로 지정되었다.

　임진왜란 때 원병으로 온 이여송(李如松)이 전란이 평정되자 우리나라 방방곡곡을 찾아다니며 훌륭한 인물이 날 만한 지혈(地血)을 찾아 지맥(地脈)을 끊고 쇠말뚝을 박았는데, 이여송이 말을 타고 제비원 앞을 지날 때 말이 움직이지 않자 제비원 미륵불의 조화라고 생각하고 미륵불의 목을 칼로 쳐서 떨어뜨

려 버렸다고 하며, 목 부분에는 가슴으로 흘러내린 핏자국이 남아 있다. 제비원 미륵불의 머리 부분은 약 350년 전에 어느 스님이 다시 올려놓은 것이라고 한다.

안동이천동마애여래입상은 산신의 정기와 부처의 원력이 만나 소원을 이루는 곳으로 이름 높으며 인자하게 뻗은 긴 눈과 두터운 입술, 잔잔한 미소가 토속적인 느낌을 자아낸다.

안동이천동마애여래입상이 위치한 지역은 '제비원'으로 불리는데, 원래는 '연비원(燕飛院)'이었다고 한다. '제비원'은 민간신앙의 성지이며 성주의 본향으로 성주풀이에서 "성주 본향이 어디메냐, 경상도 안동 땅 제비원이 본 일터다"라는 사설에 나오듯이 우리나라 성주 민속신앙의 근원지로서 자리매김 되어 있는 뜻깊은 장소이다.

임청각 군자정
안동시 제공

13 | 초대국무령 이상룡이 태어난 집
안동임청각

　안동시 법흥동에 있는 임청각은 고성이씨의 안동 입향조인 이원(李原, 1368~1429)의 종택으로 이원의 여섯째 아들 이증(李增, 1419~1481) 때부터 시작하여 이증의 셋째 아들 이명(李洺)이 중종 10년(1515)에 99칸의 대저택을 건축하였으나, 중앙선의 부설로 일부가 없어지고 현재는 70여 칸이 남아 있다.

　임청각은 비탈진 경사면을 이용하여 계단식으로 기단을 쌓아 건물을 배치하였다. 어느 방에나 햇빛이 들도록 채광효과를 높인 배산임수의 전형적인 건물로 안채, 중채, 사랑채, 사당, 행랑채는 물론 별당인 군자정과 정원까지 갖춘 전형적인 조선시대의 상류주택이며 현존하는 살림집 중에서 가장 규모가 큰 것으로 알려져 있다.

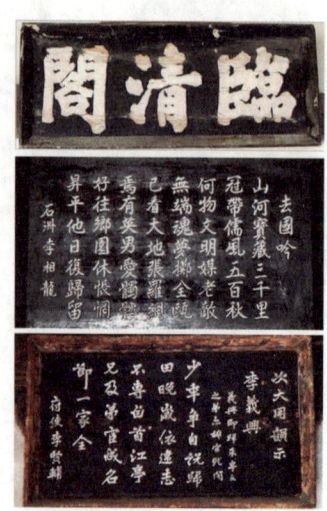

임청각 현판

　군자정(君子亭)은 임청각의 사랑채로서 별당형식의 정자 건물이다. 정면 4칸, 측면 4칸 규모로 평면이 '丁'자형으로 된 팔작지붕으로 보물 제182호로 지정되었고, 군자정 옆에는 네모난 연지(蓮池)를 조성하여 군자를 표상하고 연꽃을 심는 등 복잡한 구성과 기능을 유기적으로 연결시켰으므로 외관으로는 권위가 있으면서도 한옥의 온화한 정취를 잘 살리고 있다.

　임청각에서는 대한민국 임시정부 초대국무령을 역임한 석주(石洲) 이상룡(李相龍, 1858~1932)을 비롯하여 독립운동가가 아홉 명이나 출생하였다고 한다.

14 안동포전시관과 안동포마을

안동포전시관(안동시 제공)

서후면 저전리에 있는 안동포 전시관은 안동지역의 대표적인 특산품인 안동포의 역사성과 우수성을 홍보하고, 전시·판매하며 안동포 체험의 기회를 제공하기 위해 설립되었다.

안동포전시관에서는 안동포로 만든 한복, 개량한복, 나염, 그림한복, 방서, 홑이불, 침대커버, 베갯잇, 지갑, 병풍, 수의 등을 전시, 생산하여 판매하고 있다.

대마는 세계의 거의 모든 인류에게 가장 오랫동안 가장 폭넓게 사용된 직물의 원료이고, 인류가 가장 오래전부터 직조한 옷감은 바로 삼베이다. 안동지역은 대마재배조건에 가장 적합하여 삼국시대부터 삼베를 생산했다고 하는데, 신라시대에는 화랑도의 옷감이었고, 조선시대에는 궁중진상품이었다고 한다.

안동포는 올이 가늘고 빛이 노란 수직 자연섬유로 색깔이 아름답고 통풍이 잘 되어 여름철에 최고의 옷감으로 각광을 받았는데, 안동삼베에 대한 역사적 기록은 19세기 초에 발간된 서유구의 《임원경제지》에 처음으로 언급되었고, 1911년 일제가 발간한 《조선산업지》에 안동이 대마의 주산지로 확인되었지만 19세기 후반부터 안동포가 품질이 가장 좋다는 명품으로서의 명성을 얻었다.

안동포마을

1 안동포 물레
2 안동포베틀
3 안동포제품

안동포 짜기는 경북무형문화재 제1호로 지정되어 있을 만큼 중요한 우리의 문화유산이고, 안동포 짜기 기능보유자로 지정된 80세가 넘은 우복인 할머니가 살고 있는 안동포마을은 임하면 금소리에 있는데, 90여 호가 대마를 생산하고 거의 모든 집에서 안동포를 짜고 있고, 안동포 짜기 체험도 할 수 있다.

안동포 짜기는 대마를 수확하여 삶은 다음, '바래기', 껍질을 가늘게 찢는 '삼째기', 삼베 가닥을 서로 연결하는 '삼삼기', 삼베 실을 뽑아내는 '베매기' 등의 과정을 거쳐야 베틀에서 삼베를 짤 수 있는데, 기계로 작업을 할 수 없기 때문에 수작업으로 하여야 하므로 시간과 노력이 많이 필요한 매우 어려운 일이다.

암산유원지

15 안동시민의 휴식처
암산유원지와 구리의 측백나무자생지

    남후면 광음리에 있는 암산유원지는 이웃에 있는 무릉유원지와 함께 사행천인 미천(眉川)이 낙동강으로 흘러드는 곳에 미천과 마주한 붉은 절벽이 매우 아름답고, 유원지 앞에는 암산굴이 있고, 암산굴 위의 절벽에 구리의측백나무자생지가 있고, 경북기념물 제56호인 고산서원이 있다.

    암산유원지에서 안동시내 쪽으로 1km쯤 떨어진 곳에 농업용 보를 막아 조성한 무릉보트장이 있어서 여름 휴양지로 유명하고, 겨울에는 빙질이 좋은 스케이트장으로 바뀌며 매년 1월 중순에 암산얼음축제가 열리고 있다.

    고산서원은 정조 13년(1789) 퇴계 이황의 성리학을 연구하여 많은 저술을

1 암산굴
2 암산굴 암벽 위에 있는 구리의 측백나무자생지
3 고산서원과 솔밭

남긴 대산(大山) 이상정(李象靖)의 학문과 덕행을 추모하기 위해 창건하였는데, 규모가 비교적 크고 격식을 잘 갖추었으며, 고목이 울창하여 암산유원지와 잘 어울려 암산유원지의 경관을 더욱 돋보이게 한다.

구리의 측백나무자생지

구리의 측백나무자생지는 국도변의 암산굴 위의 절벽에 약 100~200년 된 측백나무 300여 그루가 자라고 있는데, 절벽바위 틈에 뿌리를 박고 있어서 자라는 상태가 별로 좋지 않으나, 식물분포학적 가치가 매우 높아 천연기념물 제252호로 지정되었다.

16 시인과 묵객의 고향
영호루

안동시 정하동에 위치한 영호루(映湖樓)는 진주 촉석루, 밀양 영남루와 더불어 영남 삼대 루의 하나로 옛날부터 널리 알려져 있다.

영호루를 언제 창건하였는지는 알 수 없으나, 고려 공민왕(재위:1351~1374)이 '홍건적의 난'으로 개경이 함락되자 남쪽으로 몽진을 시작하여 안동(옛 이름 복주)에 이르러 복주관아를 집무실로 사용하면서 공민왕이 자주 영호루에 올라가 군사 훈련을 참관하고, 군령을 내렸으며, 배를 띄워 유람하거나 물가에서 활을 쏘며 심회를 달래었다고 전해온다. 홍건적이 물러가고 환도한 후에 공민왕이 '영호루(映湖樓)'라는 어필 '금자현판'을 하사하였다고 한다.

영호루는 시내에서 가깝고 경치가 좋으며, 누각 앞에는 맑은 강물이 호수를 이루어 선유하기에 알맞았으므로 많은 시인과 묵객이 누 위에 올라 주위 경관

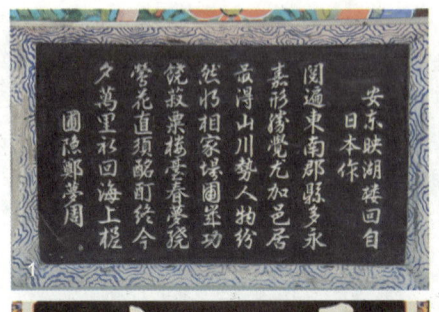

1 정몽주의 '안동영호회자일본작'
2 박정희대통령과 공민왕의 영호루 현판

을 구경하면서 시를 읊으며 회포를 풀었다고 한다. 이름만 들으면 누구나 알 수 있는 정도전의 '영호루', 권근의 '영호루시', 정몽주의 '안동영호회자일본작', 이황의 '영호루', 이현보의 '차영호루' 등의 시가 현액되어 있다.

영호루는 낙동강 변에 너무 가까이 있어 낙동강 상류지방의 홍수로 15~18세기에 4회 이상 유실되어 중건하였다는 기록이 있고, 1937년 7월 안동 시내가 물에 잠기는 홍수로 인하여 주춧돌과 돌기둥 몇 개만 남아 있었으나, 1970년 콘크리트 한식 누각을 새로 지었다고 한다. 누각의 북쪽 면에는 공민왕의 '映湖樓', 남쪽 면에는 박정희 대통령의 친필 현판 '영호루'를 걸었다.

탁청정과 수련지

17 음식문화의 발상지
오천유적지

　와룡면 오천리에 있는 오천유적지는 군자마을이라고도 하는데, 광산김씨 김효로(金孝盧, 1445~1534)가 처음으로 터를 잡은 뒤 그 후손들이 500년 이상 살아온 광산김씨 예안파의 집성촌이었으나, 안동댐 건설로 수몰되어 현재의 장소로 옮겨졌다.

　유적지의 대표적인 문화재 탁청정(濯淸亭)은 김수(金綏)가 중종 36년(1541)에 지은 가옥에 딸린 정자로 규모는 정면 7칸, 측면 2칸의 팔작지붕이고 개인의 정자 중 가장 아름답다는 평을 듣고 있다. 현판은 명필 한석봉의 글씨라고 하며, 중요민속자료 제226호로 지정되었다.

　탁청정 외에도 후조당 김부필이 지었다고 전하는 별당 건물인 후조당에서는 군자마을의 전경을 한눈에 볼 수 있고, 설월당 김부륜이 학문과 후진양성을 위

계암정

해 건립한 정자인 설월당, 탁청정 앞에 있는 네모난 수련지, 계암정, 화려하지는 않지만 단아하고 안정적인 모습이 명가의 품위를 보여주는 탁청정 종가 등이 있다. 군자마을은 많이 알려져 있지 않지만, 안동댐 위에 조성되어 아침에는 물안개가 올라와 마을 전체를 부드럽게 감싸 안는 환상적인 풍광을 자아내고 저녁때 동다헌에서 바라보면 솔가지 사이로 지는 석양은 정말 아름답다. 우리나라에서 이 정도의 대규모 고택이 모여져 있는 곳이 많지 않으므로 고요한 산책과 아름다운 고택을 감상하고 싶으면 고택체험을 한번 신청해 볼 만하다(전화:016-715-2177).

오천유적지의 장신각 유물관에는 광산김씨의 오래된 가문의 역사만큼이나 많은 광산김씨예안파종가소장고문서(보물 제1018호)와 광산김씨예안파종가소장전적(보물 제1019호) 등 1,000여 점의 고문서와 『수운잡방(需雲雜方)』을 비롯하여 3,000여 권이 넘는 서적을 소장하고 있다.

『수운잡방』은 탁청정 김수가 저술한 우리나라에서 한자로 쓰인 최초의 조리서로 조선시대 음식문화 연구에 중요한 자료로 평가받고 있으며, 술의 종류가 많이 수록되어 있는데, 중국의 술이 많지만 당시에 이미 한국화된 술을 설명하는 것으로 추정된다고 한다.

18 | 20억 원을 들여 살린 나무
용계의 은행나무

　길안면 용계리에 있는 용계의 은행나무는 높이 37m, 둘레 14m로 수령이 700년이 넘은 것으로 추정되며, 주민단합을 위한 상징물로서의 가치와 우리나라에서 가장 큰 나무 중의 하나이므로 천연기념물 제175호로 지정되었다. 원래는 용계초등학교 운동장에 있었으나, 임하댐이 건설되면서 수몰 위기에 놓였지만 1990년에 20억 원을 들여 15m 이상 흙을 쌓아 현재의 위치에 옮겨 심었다.

　이 나무는 선조(재위:1576~1608) 때 훈련대장을 지낸 탁순창(卓順昌)이 낙향하여 마을 사람들과 은행나무 계(契)를 만들어 나무를 보호해 왔다고 하며, 국가에 변란의 위기가 오면 울음소리를 내어 예고했고, 때로는 사람들의 소망을 이뤄준다는 전설이 있다.

1 누더기같이 수술한 은행나무 **2** 봉림수 은행나무

　이 나무 옆에 자그마한 은행나무 기념관에는 은행나무에 얽힌 여러 가지 이야기를 설명하고 있는데, 『안동시사』에 수록되어 있다는 '용계리 은행나무를 살린 처녀'의 이야기가 재미있어서 소개한다.
　용계리에 살던 탁씨의 딸이 어느 날 강가에서 하얗게 까 놓은 은행나무가 둥둥 떠서 내려오는 것을 주워 부뚜막에 묻어놓고 정성껏 매일 물을 주자 은행나무가 살아났다고 한다. 은행나무는 점차 뿌리를 깊게 내리게 되었지만 세월이 흘러 탁씨 처녀는 죽게 되었다. 용계마을에 살던 사람들의 가세가 기울어 가고 있을 때 동네 사람들의 꿈에 처녀가 현몽하여 내가 저 은행나무를 살린 처녀인데, 나를 동네 성황으로 세워주면 이 동네를 잘 살게 해 주겠다고 하여 용계당을 세우고 제사를 지냈다고 한다.

월령교
제자 신재민 제공

19 | '사부곡'의 전설
월령교

　상아동과 성곡동 일원에 위치한 월령교는 안동댐 건설로 수몰된 월령대를 이곳으로 옮기면서 목재 바닥과 목재 난간으로 된 아치트러스 방식으로 길이 387m, 폭 3.6m의 목책교로 난간마다 분수가 나오도록 2003년 3월에 준공하였다. 낙동강을 감싸는 듯한 산세와 댐으로 이루어진 울타리 같은 지형은 밤하늘에 뜬 달을 마음속에 파고들게 하고 야경이 참 멋지다.

　월령교는 천공으로부터 내려온 달을 강물에 띄운 채 가을에 파고든 아린달빛은 잊혀진 꿈을 일깨우고 다시 호수의 달빛이 되어 아름다운 기억으로 남아 있게 하는 자연풍광을 잘 드러낸 조형물이지만, 그보다 이 지역에 살았던 이응태 부부의 아름답고 숭고한 사랑을 오래도록 간직하고자, 멀리 간 남편을 위해 아내의 머리카락으로 만든 한 켤레 미투리 모양을 이 다리 모습에 담았다.

월영대

　1998년 4월 조선중후기를 살았던 고성이씨 15세손 이명정(1504~1565)의 부인 일선문씨(一善文氏)와 그의 손자 이응태가 미이라 상태로 발견되었는데, 1586년 이응태의 부인이 죽은 남편에게 보낸 편지글 '사부곡(思夫曲)'이 발굴되었다. 남편을 여읜 아내의 애절한 사랑이 구구절절이 간절하게 표현되어 있는 편지글 일부를 소개한다.

원이 아버지께
병술년(1586) 유월 초하날 아내가

당신 언제나 나에게 "술이 머리 희어지도록
살다가 함께 죽자"고 하였지요

그런데 어찌 나를 두고 당신 먼저 가십니까?
나와 어린 아이는 누구의 말을 듣고 어떻게
살라고 다 버리고 당신 먼저 가십니까?

당신 나에게 어떻게 마음을 가져왔고
나는 당신에게 어떻게 마음을 가져왔었나요?

함께 누우면 언제나 나는
당신에게 말하곤 했지요

여보 다른 사람들도 우리처럼 서로 어여쁘게
여기고 사랑할까요?
남들도 정말 우리 같을까요?

-중략-
나는 꿈에는 당신을 볼 수
있다고 믿고 있습니다.

몰래 와서 보여 주세요
하고 싶은 말, 끝이 없어 이만 적습니다.

안동시 제공

20 선비정신의 산실
의성김씨 내앞종택

　임하면 천전리에 있는 의성김씨 내앞종택은 청계(靑溪) 김진(金璡, 1500~1580)을 중시조로 모시는 종택으로 막내아들 학봉(鶴峰) 김성일(金誠一, 1538~1593)이 '己'자형으로 지은 건물로 선비의 기개가 전해오는 집으로 보물 제150호로 지정되었고, 1660년에 최초로 건축된 귀봉종택은 중요민속문화재 제267호로 지정되었다.

　인걸지령(人傑地靈)의 명당이며, 선비정신의 산실로 알려져 있는 내앞마을은 이중환(李重煥, 1690~1952)이 『택리지(擇里志)』에서 양반선비가 살 만한 가장 이상적인 장소로 도산, 하회, 내앞, 닭실을 꼽았을 정도로 유명하고, '밝은 달 아래 사람이 입는 옷을 세탁하는 형국'이란 뜻의 '완사명월형(浣紗明月形)'의 명당이다.

귀봉종택(안동시 제공)

　내앞마을은 풍수적 여러 조건을 잘 갖추었으나, 수구(水口)가 너무 넓은 흠이 있어서 약 700m 서쪽에 소나무 숲을 인위적인 수구막이로 조성한 '개호송(開湖松)'이 비보(裨補)의 효과와 안정감을 준다. 김진의 아들 5형제가 모두 과거에 합격하여 오룡지가(五龍之家)의 명문으로 오자등과택(五子登科宅)으로 더욱 유명하게 되었다.

　내앞마을은 서로군정서 참모장으로 1923년 상해에서 국민대표회 의장을 맡았던 일송(一松) 김동삼(金東三, 1878~1937)을 비롯하여 많은 독립투사가 배출된 것으로도 유명하다.

　『온주법(蘊酒法)』은 경북 안동시 임하면 천전리 의성김씨 약봉파 김시우(藥峯派 金時雨)가 소장하고 있는 작자 미상의 순 한글체로 된 조리서(調理書)로 1987년에 발굴되었다. 책의 크기가 40X32cm로써 11매(22면)이며 앞부분은 글자가 분명하고 내용을 알기가 쉬우나 뒷부분은 글자체가 작고 심하게 흘

회화나무(보호수, 안동시 제공)

려 썼으며 종이가 몹시 낡아서 알아볼 수 없는 부분이 많다.

『온주법』에 쓰여 있는 음식은 총 56항으로 내용별로 보면 술류 44항, 누룩 만드는 법 2항, 장(醬) 2항, 병과류 6항, 반찬류 2항이 있고, 기타 술과 장을 담그지 않는 날이 적혀 있으며 뒤편에 조약법(造藥法)과 기타 염색·의복 관리방법 등이 적혀 있다. 『온주법』에는 주류가 녹파주·정향극렬주·청명주·감점주·하향주·석향주·구가주·청명불변주·황금주·소국수·얼주·신빙주·오호주 등 14종이 수록되어 있고, 약용약주류에는 지황주·천문동주·오가피주·소자주·구기자주·창출주·안명주·백자주·녹미주 등 9종이, 특수약주류(特殊藥酒類)에는 삼해주와 서왕모유옥경향주가, 독주류(獨酒類)에는 이화주·사절주·방상주·사미주 등이 있고, 각종 술 담그는 법이 있으며 감주(甘酒) 만드는 법으로 화국법과 조국법이, 장 만드는 법으로 즙장과 잡장법이 수록되어 있다. 병과류에는 연약법·약과법·빙사과·강정·밤다식·두텁단자 등이, 반찬류에는 열구지탕과 기타 반찬류가 수록되어 있다.

21 자연의 아름다움과 예스러움을 간직한 곳
지례예술촌

임동면 지례리에 있는 지례예술촌은 임하댐 건설로 수몰 위기에 있던 고택들을 이전하여 조성하였는데, 예술인들의 창작활동, 회의장소, 전통생활학습장, 유교연수원 등으로 활용되고 있으며, 지촌종택, 지촌제청, 지산서당 등의 문화재가 있고, 맑은 호수와 빼어난 산수가 있어서 독서와 창작활동을 하기에 좋은 자연조건을 갖추고 있다. 지례마을은 지촌(芝村) 김방걸(金邦杰, 1623~1695)의 자손들이 300여 년간 살아온 의성김씨의 집성촌으로, 김방걸은 현종 4년(1663)에 종택, 제청, 서당 등의 전통주택을 건립하였는데, 임하댐 건설로 지례마을 뒷산중턱의 현재 위치로 이건하였다.

김방걸은 지례마을에 낙향하여 아래와 같은 '무언(無言)'이라는 유명한 시를 썼는데, 은둔하여 한적한 생활을 즐기고 있는 심경을 잘 묘사하고 있다.

일와창강세월심(一臥滄江歲月深) 고향에 돌아온 지 참 오래 되었구나.
유거불수점진침(幽居不受點塵侵) 숨어사니 한 점 티끌 묻어오지 않네.
기지어조환다사(已知漁釣還多事) 고기잡이 낚시 질도 귀찮은 것 알겠고
경각금기역각심(更覺琴碁亦擾心) 거문고나 바둑도 심란하구나.
석탑임타풍과소(石榻任他風過掃) 공들여 쌓은 돌탑 바람이 쓸게 하고
매단수여조래음(梅壇輸與鳥來吟) 가꾸던 매화 단도 새가 와서 울게 두자.
여금전성경영력(如今全省經營力) 이제껏 하던 일 모두 접고서
종일무언대벽잠(終日無言對碧岑) 종일토록 말없이 푸른 산 바라보네.

예술인들의 집필과 연수공간이 주된 기능이지만, 청소년들의 예절교육 장소와 일반인들의 전통생활체험 장소로 활용되고, 외국의 예술인들도 많이 입주하고 있으며, 누구나 수백 년 동안 고이 간직한 전통고택의 그윽한 분위기에서 전통문화를 체험할 수 있다. (전화:054-852-1913)

부용대에서 본 하회마을

22 유네스코 문화유산
하회마을

　풍천면 하회리에 있는 하회마을은 조선시대의 성리학자인 겸암(謙菴) 류운룡(柳雲龍, 1539~1601)과 서애(西厓) 류성룡(柳成龍, 1542~1607)의 출신지로 두 분의 자손들이 많이 살고 있는 풍산류씨의 집성촌이다. 낙동강이 흐르다가 이 지역에서 마을을 감싸고돌면서 흐른다고 '하회'라는 지명이 붙었는데, 별신굿탈놀이와 하회탈 등 민속적 전통과 조선전기 이후의 전통적인 가옥들의 건축물을 잘 보존하고 있으므로 마을 전체가 중요민속자료 제122호로 지정되어 있을 뿐만 아니라, 2010년 8월 경주의 양동마을과 함께 '한국의 역사마을: 하회와 양동'으로 유네스코 세계문화유산으로 등재되었다.
　하회마을은 낙동강 줄기가 이 마을을 싸고돌면서 'S'자형을 이룬다고 풍수학적으로 '태극형' 또는 '연화부수형(蓮花浮水形, 연꽃이 물에 떠 있는 형상)'이라

1 유네스코 문화유산
2 하회마을에서 본 부용대
3 옥연정사와 소나무(보호수)

하고, 이중환은 『택리지』에서 영남의 4대 길지 중 하나로 꼽았다.

하회마을에는 보물로 지정된 양진당(제306호)과 충효당(제414호)이 있고, 중요민속자료로 지정된 북촌댁(제84호), 원지정사(제85호), 빈연정사(제86호), 류시주가옥(제87호), 겸암정사(제89호), 남촌댁(제90호), 주일재(제91호), 하동고택(제177호) 등 전통가옥이 많고, 이 외에도 소규모의 토담집과 기본적인 건축 재료인 진흙만으로 벽채를 쌓아올리는 원초적 민가축조기법을 보여주는 붕담집 등이 다양한 민가형식을 잘 보여주고 있는데, 신분제 사회에서의 반상(班常)의 생활상을 볼 수 있는 풍부한 자료를 잘 간직하고 있다.

낙동강 상류에 있는 하회마을은 끝없이 펼쳐진 백사장과 울창한 소나무 숲이 있고, 강 건너편에는 부용대를 비롯하여 층암절벽이 절경을 이루고 있으므로 경관이 매우 아름답다.

하회마을에서 매년 음력 7월 보름에 하는 강상유화(江上流下)의 선유줄불놀이는 하회별신굿탈놀이(중요무형문화재 제69호)와 함께 이 고장의 오랜 민간전승놀이이고, 별신굿에 쓰이던 5개의 탈은 고려시대인 12세기 중엽에 제작된 것으로 추정되어 국보 제121호로 지정되었다.

나룻배를 타고 강을 건너가서 옥연정사, 겸암

겸암정사

정사, 화천서원을 둘러보고, 부용대에 올라가서 하회마을의 전경을 볼 수 있는데, 풍수지리에 문외한인 사람도 하회마을을 왜 '연화부수형'이라고 하는지 알 수 있다.

임진왜란 때의 공신인 류성룡의 교지, 문서 등의 유품과 그에 관계되는 명나라 장수들의 서화 등을 전시하고 있는 소규모 박물관인 영모각(永慕閣)에는 국보 제132호인 『징비록』과 보물 제160호인 류성룡종손가문적 11종 22점의 복사본과 많은 유물과 자료 등이 전시되어 있다. 원본은 한국국학진흥원에 보관되어 있다.

『징비록』은 류성룡이 임진왜란 때의 상황을 기록한 것으로 임진왜란 이전에 일본과의 관계, 명나라의 구원병 파견 및 제해권의 장악에 대한 정황 등을 정확하게 기록하여 임진왜란 전후의 상황을 연구하는 데 귀중한 자료로 이순신

1 화천서원 **2** 솔밭

장군의 『난중일기』와 함께 높이 평가되어 국보로 지정되었다.

류성룡종손가문적 중에는 임진왜란 때 사용하던 역서(曆書)인 『대통력(大統曆)』은 류성룡이 주요사항을 해당 일자 아래에 적어 넣은 것으로 사료로도 중요하지만, 관상감에서 발행한 오랜 역서인 점과 인쇄에 사용한 관상감활자연구에도 귀중한 가치가 있다고 한다.

23 하회세계탈박물관

하회마을 입구에 있는 하회세계탈박물관은 하회별신굿탈놀이 이수자 및 탈 제작자로 중요무형문화재 제69호로 지정되어 있는 김동표(金東表)가 하회탈 전문제작 및 연구실로 설립한 하회리 탈방을 확대하여 하회탈의 고장에 한국의 탈은 물론 세계의 탈을 수집·전시하여 하회마을을 찾는 많은 사람들에게 세계의 가면 문화를 한자리에서 볼 수 있도록 전시실과 학예연구실, 수장고, 공방, 야외놀이마당 등을 갖추고 있다.

제1전시실인 한국관에는 국보 제121호로 지정된 하회탈을 비롯하여 중요무형문화재로 등록된 13종류와 지방문화재 2종류 등 19종류 300여 점을 전시하였고, 제2, 3전시실인 아시아관은 중국, 일본, 인도, 태국, 몽골 등 아시아 지역의 탈이 전시되어 있고, 제4, 5전시실인 세계관은 아시아 지역을 제외한 세계 각지의 탈, 합계 35개국의 외국 탈 500여 점이 전시되어 있다.

야외놀이마당은 안동시가 매년 주최하는 국제탈춤페스티벌 등 탈놀이 공연장으로 활용되고, 무용마당, 주지마당, 백정마당, 할미마당, 파계승마당, 양반선비마당의 6마당으로 이루어져 있는 하회별신굿탈놀이는 매주 수, 토, 일요일 오후 2~3시에 상설공연을 하고 있다. (하회별신굿탈놀이보존회 전화:054-854-3664)

안동시 제공

24 조선 선비의 자존심과 격조가 있는 종가
학봉종택

    서후면 금계리에 있는 학봉종택은 학봉(鶴峯) 김성일(金誠一, 1538~1593)이 내앞마을에서 분가하여 사랑방, 안방, 문간방, 사랑마루 등으로 구성된 '口'자형 정침을 비롯하여 유물을 보관, 전시하는 운장각, 풍뢰헌 및 세 칸의 사당 등을 합쳐 90여 칸을 건축하였고, 조선중기 상류주택의 모습을 잘 보여주고 있으므로 경북기념물 제112호로 지정되었다.

    학봉종택 내에 있는 문중유물전시관인 운장각에는 김성일의 유품, 서적, 친필기록, 유물 등 학봉김성일종가소장전적 56종 261점이 보물 제905호로 지정되었고, 교지, 유지, 재산분배기록, 분재기 등 학봉김성일종가소장고문서 17종 242점이 보물 제906호로 지정되었다. 이 전적과 고문서들은 임진왜란 이전의 활자체를 연구하는 데 도움이 될 뿐만 아니라 임진왜란사를 연구하는

데에도 도움이 되는 자료이다.

금계마을은 이름의 유래를 보면 김헌락(金獻洛)이 쓴 『금계지』에 금계(金溪)는 일명 금지(琴地)라 하고 구호를 금제(金堤)라 했는데, 경상도 방언의 훈은 검이라 해서 속되게 부르기를 검제(黔堤)라 했다는 설과 옛날에 개울이 나누어져 흘러 가운데로 열리면서 마을의 모습이 마치 거문고의 모양과 같다고 하여 금제라고 불렀다는 설이 있지만, 의성김씨가 많이 모여 살게 되어 금계(金溪)라고 고쳐졌다고 한다.

학봉 김성일은 서애 유성룡과 함께 퇴계 이황의 학맥을 이어 받은 양대 제지로 안동의 선비들에게 많은 영향을 미친 학자이자 정치가이며, 임진왜란 때에는 전쟁터에서 싸우다가 전사하였으므로 나라를 구한 명장으로 평가되고 있다.

금계마을 출신인 김성일의 후손들은 16명의 독립운동가를 배출하였는데, 의성김씨는 단일 성씨로는 전국에서 가장 많은 독립운동가를 배출한 가문으로 유명하다.

1 학봉종택 안마당
2 운장각

안동시 제공

25 학암고택

　풍산읍 오미리에 있는 학암고택은 중종 때의 청백리 허백당(虛白堂) 김양운(金楊雲)의 12대손인 학암(鶴巖) 김중휴(金重休, 1797~1863)가 건립한 주택으로 'ㅁ'자형 정면에는 솟을삼문이 있고 안채와 사랑채는 중문에 의하여 분리되는 독특한 건물로 조선후기 주택연구에 좋은 자료로 인정되어 중요민속자료 제179호로 지정되었다.
　학암고택은 안채, 곳간채, 문간채, 방아간채, 측간, 별당 등이 옛 모습 그대로 남아 있는데, 처음에는 김중휴가 참봉벼슬을 하였다고 '오미동 참봉댁'으로 불렀으나 최근에 '학암고택'으로 명칭을 변경하였다.
　학암고택 바로 옆에 있는 풍산김씨 종택은 선조 때의 유학자 유연당(悠然堂) 김대현(金大賢, 1553~1602)이 창건하였으나, 임진왜란 때 소실되어 선조

1 학암고택 **2** 오미리의 독립운동기념탑

33년(1600)에 학호(鶴湖) 김봉조(金奉祖)가 다시 건립하였는데, 'ㅁ'자형 주택으로 경북지방의 일반적인 형태를 잘 갖추고 있어서 경북민속문화재 제38호로 지정되었다.

오미리는 풍산김씨 집성촌으로 많은 독립운동가를 배출하였는데, 1924년 일본 니혼바시 폭탄투거로 잘 알려져 있는 김지섭(金祉燮, 1985~1928) 의사와 만주의 독립운동단체인 서로군정서 헌병으로 일본 총영사 및 일본경찰 10여 명을 사살하고 현장에서 순국한 김만수(金萬秀, 1894~1924) 열사의 독립운동 활동상을 비롯하여 20여 독립운동가의 비석을 새겨 놓은 독립운동기념탑이 있다.

26 유교문화의 산책과 체험을 할 수 있는 공간
한국국학진흥원

도산면 서부리에 있는 한국국학진흥원은 한국학자료 중 문중이나 서원 등 민간에 흩어져 소장되어 멸실 위기에 직면한 자료의 수집, 보존, 연구 및 보급을 통합적으로 수행하기 위하여 설립된 한국학전문연구기관이다.

본관인 홍익의 집은 연구실과 행정실, 회의실 등으로 되어 있고, 유교문화박물관은 각종 기록문화재를 정리, 분류, 보존할 수 있는 수장고와 상설전시실 및 기획전시실로 사용되고 있고, 장판각은 10만 장 이상의 목판을 과학적으로 안전하게 보관하고 있다.

유교문화박물관에는 국보 제132호 징비록을 비롯하여 보물, 중요민속자료, 경북유형문화재 등 민가나 서원 등에 흩어져 있던 많은 유물을 수집하여 전시, 보관하고 있다.

국학문화회관은 연구목적으로 체류를 희망하는 외부연구자와 국학진흥원 교육연수 프로그램을 이수하는 교육생 및 전통문화의 현장을 체험하려는 사람들에게 숙박의 편의를 제공할 목적으로 다양한 시설을 갖추고 있다(전화:054-856-7337).

국학진흥원은 조선시대 유교문화권의 중심이었고, 현재까지도 유교문화 자산이 가장 많이 남아 있는 유교문화의 보고인 안동시 및 영남지방에 산재해 있던 유물을 발굴하여 상설전시실 및 기획전시실에서 전시함으로써 민족문화의 산실로서의 역할을 꾸준히 수행하고 있다.

27 고려의 개국공신
태사묘

숭보당(안동시 제공)

안동시 북문동에 있는 태사묘(太師廟)는 후삼국 때 안동 병산대첩(930년)에서 고려 왕건이 후백제 견훤에게 승리하여 고려가 후삼국을 통일하는 데 중요한 역할을 한 개국공신 김선평(金宣平, 생존미상), 권행(權幸, 생존미상), 장정필(張貞弼, 898~978) 등 삼태사의 위패를 봉안한 사당으로 경북기념물 제15호로 지정되었다.

태사묘는 고려 태조가 세분을 고려의 개국공신으로 태사벼슬을 내려 삼태사(三太師)라 불리며, 천여 년이 넘도록 향사를 봉행해 온 태사묘우를 비롯하여 보물각, 숭보당, 동재와 서재, 경모루, 전사청, 차전각, 안묘당, 주사, 사당 등 10동의 고가 건물이 있고, 삼태사가 쓰던 유물과 공민왕이 하사했다는 유물 등 12종 22점이 보물 제451호로 지정되어 있고, 묘정에는 삼공신비가 세워져 있으며, 문화재로서 안동을 상징하는 대표적 유적지이다.

태사묘는 정확한 창건 연대는 알 수 없지만 고려 성종 3년(983)에 안동 부민들이 정성을 모아 사당을 지은 것이 태사묘의 시작이며, 광해군 6년(1613)에 안동김씨(시조 김선평), 안동권씨(시조 권행), 안동장씨(시조 장정필) 3성(三姓)의 자손들이 성금을 모아 중건하고 태사묘로 개칭하였다고 전한다.

안동시 그 외의 여행지

1 안동권성백고택
2 시습재(안동시 제공)
3 수곡종택(안동시 제공)

가일수곡종택

풍천면 가곡리에 있는 가일수곡종택은 정조 16년(1792)에 권조(權眺)가 조부 권보(權輔)의 위덕을 추모하기 위해 세운 고택으로 중요민속자료 제176호로 지정되었다.

수곡종택은 'ㄷ'자형의 안채와 '一'자형의 사랑채, '一'자형의 별당채와 문간채로 이루어져 있다. 권보는 일생동안 도학에 전심하였고 검소를 생활신조로 삼았던 사람이라고 하는데, 가일마을의 소박하고 한눈에 들어오는 정겨운 풍경이 대변하는 듯하다.

시습재는 화산(花山) 권주(權柱, 1457~1505)의 고택으로 경북문화재자료 제370호로 지정되었고, 권주종손가문서와 권주종손가문적이 보물 제549호와 제1,002호로 지정되었다.

만운동모선루

안동시 제공

풍산읍 만운리에 있는 모선루는 이전(李筌, 1486~1531)의 덕을 추모하기 위하여 선조 24년(1591)에 손자인 이호(李湖)가 선생의 인품과 깨끗하던 지조를 기려서 모선루(慕先樓)란 현판을 단 재사로 중요민속자료 제180호로 지정되었다.

모선루는 송림이 우거진 작은 뒷동산을 배경으로 앞에는 개울이 흐르는 경치가 매우 좋은 위치에 누마루를 들인 경북지방에 많이 산재하고 있는 'ㅁ'자형의 일반적 평면 형태를 취한 재사다.

안동대곡리굴참나무

임동면 대곡리에 있는 굴참나무는 산골짝 마을입구의 산록 사면에서 자라고 있는데, 높이 22.5m, 둘레 5.4m로 수령 약 500년으로 추정되며, 마을의 정신적 지주로 오랜 세월 동안 조상들의 관심과 보호 속에 자라온 나무로서 민속적 가치와 우리나라 굴참나무 중 가장 크고 오래된 나무의 하나로 생물학적 보존 가치가 인정되어 천연기념물 제288호로 지정되었다.

굴참나무는 우리나라, 중국과 일본에 분포되어 있다. 줄기에 코르크가 잘 발달하는 특징이 있으므로 껍질은 코르크로 이용되고 열매는 묵을 만드는 재료로 쓰이며, 목재는 중요한 용재를 생산한다.

안동독립운동기념관

임하면 경동로에 있는 안동독립운동기념관은 전국에서 가장 많은 독립유공자 및 자정순국자를 배출한 안동시가 독립운동의 성지임을 강조하고, 살아 있는 유교문화의식과 민족의 저항정신을 배우고, 21세기 국민정신의 교육장으로 활용하기 위해 설립되었다. 안동독립운동기념관은 학예연구실, 전시실, 연수원, 가산서당, 숙박시설 등을 갖추고 학술연구와 독립운동유적해설사 양성과정과 청소년역사체험캠프 등 교육 연수 프로그램을 운영하고 있다. (전화 : 054-823-1520)

안동동부동오층전탑

1 동부동오층전탑(안동시 제공)
2 당간지주(안동시 제공)

운흥동의 안동역 구내에 있는 안동동부동오층전탑은 높이 8.35m이고, 몸돌에는 층마다 불상을 모시기 위한 감실을 설치했으며, 2층 남쪽 편에는 2구의 인왕상(仁王像)을 새겼는데, 지붕 모양이 탑신의 감실과 더불어 목탑양식의 흔적이 남아 있는 통일신라시대의 전탑으로 보물 제56호로 지정되었다.

『동국여지승람』이나 『영가지』에 기록된 법림사의 전탑으로 추정되며 가까운 거리에 당간지주도 남아 있으나, 사지(寺址)는 안동역 구내에 편입되었는데, 『영가지』에는 법림사 전탑이 7층이었으나, 상륜부의 금동 제2층은 선조 31년(1598)에 명나라 군인들이 도둑질해 갔다고 기록되어 있다.

안동사신리느티나무

녹전면 사신리에 있는 느티나무는 높이 29.7m, 둘레 10.1m로 수령은 600년 이상 된 것으로 추정되며, 마을 사람들은 이 나무를 수호신처럼 믿고 있으며 정월 대보름에는 온 마을 사람들이 나무 밑에 모여서 새해의 행운과 풍년을 빌어 오던 나무로 민속적·생물학적 가치가 인정되어 천연기념물 제275호로 지정되었다.

안동시 제공

안동조탑리오층전탑

일직면 조탑리에 있는 안동조탑리오층전탑은 통일신라시대의 전탑으로 화강암 석재와 벽돌을 혼용해서 만든 특이한 탑으로 보물 제57호로 지정되었다.

중앙고속도로 남안동 인터체인지를 나가면 들판에 우뚝 서 있는 조탑리오층전탑이 보인다. 기단은 흙을 다져 마련하고 그 위로 굵기가 일정하지 않은 화강석으로 5~6단을 쌓아 몸돌을 이루게 하였으며, 남쪽 면에는 감실을 파서 그 좌우에 인왕상(仁王像)을 도드라지게 새기고, 1층 지붕부터는 벽돌로 쌓았는데, 세울 당시의 문양이 있는 벽돌이 지금도 남아 있다.

1 조탑리오층전탑
2 감실의 인왕상

안동주하리뚝향나무

와룡면 주하리에 있는 뚝향나무는 높이 3.2m, 둘레 2.3m로 수령 약 500년 이상 된 것으로 추정되며, 『노송운첩(老松韻帖)』에 세종(재위:1418~1450) 때 이정(李禎)이 심었다고 기록되어 있다. 가지가 아래로 처지는 것을 방지하기 위해 37개의 받침대를 세워서 관리하고 있지만, 천연기념물 제314호로 지정되었다.

뚝향나무는 향나무와 비슷하지만 곧게 자라지 않고 아래에서부터 줄기와 가지가 비스듬히 자라다가 수평으로 펴져 모양이 매우 특이한 특징이 있다.

안동찜닭

안동찜닭은 갖은 양념의 달콤함, 붉은 건고추의 매콤함, 간장소스의 짭짤함, 닭고기의 담백함이 잘 어우러진 음식으로 아삭한 야채와 쫄깃한 당면이 환상의 맛을 내므로 한번 먹으면 잊을 수 없는 맛을 느낄 수 있다. 안동찜닭은 가격에 비해 양이 매우 푸짐하고, 닭고기, 당면, 감자 등을 건져 먹고, 남은 야채와 국물은 밥을 비벼 먹으면 더욱 맛있게 먹을 수 있다.

안동찜닭의 유래는 여러 가지 설이 있는데, 조선시대 부촌인 안동네에서 특별한 날 해먹던 닭찜을 바깥동네 사람들이 안동네찜닭이라고 부른 것이 시작이라는 설도 있다.

이육사문학관

도산면 원천리에 있는 이육사문학관은 민족시인 이육사(李陸史)를 기리기 위해 문학관, 생가모형, 육사 동상, 시비, 청포도 밭 등을 조성하였다.

문학관 1층에는 「청포도」, 「광야」 등의 시 체험시설과 독립운동관련 사진 등 유품과 각종 자료를 전시하고, 2층에는 영상실과 판본체험코너, 전망대 등이 있다.

퇴계종택

도산면 토계리에 있는 퇴계종택은 원래의 가옥은 없어지고 퇴계(退溪)의 13대 후손인 이충호가 1929년에 새로 지은 'ㅁ'자형의 34칸 건물이고, 종택 오른쪽에는 정면 5칸, 측면 3칸의 팔작집궁인 추월한수정(秋月寒水亭)이란 정자가 있다.

퇴계 이황(李滉)이 13세 때 숙부에게 학문을 배우기 위해 낙동강을 끼고 있는 단천교에서 고산정까지 오가던 퇴계오솔길과 도산서당과 종택을 오가던 도산산책길이 조성되어 있다.

하리동일성당

풍산읍 하리에 있는 하리동일성당은 이성계의 역성혁명에 반대하여 풍산으로 낙향한 이웅(李雄)의 후손으로 숙종(재위: 1694~1720) 때 사람인 이문한(李文漢)이 건립한 것으로 추정되고, 조선시대 전통 민가의 대표적인 양식을 보여주므로 중요민속자료 제178호로 지정되었다.

'일성당(日省堂)'은 '외당에 독서실을 만들어 하루하루를 반성한다'는 뜻이라고 하며, 참나무 숲이 우거진 뒷동산을 배경으로 비교적 높은 자연석 축대 위에 세워진 'ㅁ'자형의 집으로 골방에서 안방부엌의 다락으로 출입하게 하였다. 사랑마루가 있는 마루방에 고미반자를 설치하고, 지붕을 맞배지붕으로 하지 않고 앞채는 모임지붕처럼 연결하였으며 뒤채의 중앙부는 합각지붕으로 꾸민 건축적 특징이 있다.

학가산온천

학가산 줄기 지하 700m에서 용출되는 순수 알칼리성 중탄산나트륨성분의 온천으로 1일 1,000톤 이상의 양수량을 확보하고 있어서 100% 천연온천수를 공급하고 있고, 동시에 1,200명이 입장할 수 있는 최신시설을 갖추고 있으며, 혈액순환, 신경통, 불면증, 피로회복 등에 효과가 있다. 안동시 일원의 관광을 마치고 들르면 피로를 완전히 풀 수 있고, 안동시에서 직영으로 운영하고 있으므로 입욕요금도 저렴하다.

안동시의 축제 및 문화행사

축제 및 문화행사		일시	장소(연락처)	특징
안동국제탈춤페스티벌		12월	낙동강변 탈춤공원 (054-856-3013)	세계 각국의 탈춤공연단, 국내 탈춤공연단
하회마을 전통축제	선유줄불놀이	9월 하순	하회마을 부용대 (054-856-3013)	선유불꽃놀이
	하회별신굿탈놀이	매주 수, 토, 일 오후 2~3시	하회 별신굿놀이 상설공연장 (054-856-3013)	하회별신굿탈놀이
안동한우불고기축제		12월	풍산장터 일원 (054-858-6891)	전시판매, 먹거리 장터
암산얼음축제		1월 중순	암산유원지 (054-840-4322)	민속체험, 얼음체험
봉정사국화축제		10월 하순	봉정사 일원 (054-852-2022)	국화차와 국화음식 만들기체험, 국화꽃따기 등
안동학가산산약축제		11월중순	산약테마공원 (054-859-5006)	산약깎기, 달구지타기, 산약일품요리경진대회
안동 놋다리밟기		정월대보름	용상동 (054-856-3013)	경북무형문화재 제7호
안동민속축제		9월 말~ 10월 초	낙동강변탈춤공원 (054-840-6391)	차전놀이, 성황제 등 각종 민속행사

안동시의 재래시장

재래시장(위치)	장날	특징 및 특산물
안동구시장(서부동)	2일, 7일	점포 350개, 안동찜닭, 안동한우 등
중앙신시장(옥야동)	상설	점포 340개, 간고등어, 채소 등
용상시장(용상동)	상설	채소, 과일, 침구류 등
풍산장(풍산읍)	3일, 8일	산나물, 잡곡, 안동한우 등
구담장(풍천면)	4일, 9일	잡곡류, 안동한우 등
임동장(임동면)	5일, 10일	천마, 간고등어 등
녹전장(녹전면)	5일, 10일	고추, 잡곡류, 한우고기 등
예안장(예안면)	4일, 9일	고추, 잡곡류, 사과 등
온혜장(도산면)	5일, 10일	고추, 잡곡류 등
일직장(일직면)	1일, 6일	한우고기, 잡곡류 등
길안장(길안면)	5일, 10일	사과, 한우고기 등
옹천장(북후면)	4일, 9일	고추, 한우고기, 잡곡류 등

안동시의 체험관광, 고택체험과 숙박시설

이름	주소	전화
안동파크호텔	운흥동 324	054-853-1501

〈휴양림과 수련원〉

이름	주소	전화
계명산자연휴양림	길안면 고란리 산 1-1	054-822-6920
안동예절학교	와룡면 감애리 43	054-841-0511
구룡리수련원	예안면 구룡리 518	054-823-1301~2

〈농촌체험마을〉

이름	주소	전화
녹전토종마을	녹전면 원철리 258-1	054-859-2200
안동포마을	임하면 금소리 1028-14	054-822-1112
하회정보화마을	풍천면 하회리	054-841-2896
안동댐마을 농촌테마파크	와룡면 중가구리	054-856-5632

〈시내부근 고택체험〉

이름	주소	전화
임청각	법흥동 20	054-853-3455
치암고택	안막동 119-1	054-858-4411
향산고택	안막동 119	011-533-7978
반구정	정상동 486	010-8388-5237
고성이씨	탑동종택 법흥동 9-2	054-859-1149
어은정	정상동 512	010-8388-5237
귀래정	정상동 777	010-2080-5283
태사묘	북문동 24-1	011-514-8343
은곡서당	송천동 337-3번지	010-9766-3237
우경고택	와룡면 중가구리 619	054-856-5632
남흥재사	와룡면 중가구리 535	054-856-5632

〈임하댐부근 고택체험〉

이름	주소	전화
기양서당	임동면 수곡리 537-1	010-5588-9494
지례예술촌	임동면 박곡리 산769	054-822-2590
수애당	임동면 수곡리 470-44	054-822-6661
무실종택	임동면 수곡리 470-43	054-822-6687
금포고택	임하면 금소리 509-2	010-6676-3002

〈도산서원부근 고택체험〉

이름	주소	전화
오천군자마을	와룡면 오천리 산28-1	016-715-2177
농암종택	도산면 가송리 612	054-843-1202
퇴계종택	도산면 토계리 468-2	054-855-8332
수졸당	도산면 토계리 251	054-856-3307
온계종택(삼백당)	도산면 온혜리 580	070-4218-4128
두루종택	와룡면 주하리 633	017-253-9565
영천이씨 간재종택	녹전면 원천리 851	011-506-2038

〈하회마을부근 고택체험〉

이름	주소	전화
가일수곡고택	풍천면 가곡리 419	054-841-2434
옥연정사	풍천면 광덕리 20	054-857-7005
안동김씨종택(양소당)	풍산읍 소산리 218	011-260-9565
파산종택	풍천면 광덕리 111	054-853-2243
구담정사	풍천면 구담리 458	054-853-2009
구담송원재	풍천면 구담리 457	010-4243-1122
병사서원주사	풍천면 병산리 30	011-540-2172
학암고택	풍산읍 오미리 248	018-580-3319
화천서원	풍천면 광덕리 16-2	010-9242-7508
예안이씨 충효당	풍산읍 하리 189	011-741-1620
하회마을 북촌댁	풍천면 하회리 706	019-228-1786

〈봉정사부근 고택체험〉

이름	주소	전화
경당종택	서후면 성곡리 264	054-852-2717
태상이상루고택	서후면 태장리 249	054-843-3328
창열서원	서후면 교리 273	054-852-0650
칠계재	서후면 금계리 776	054-852-2649
원주변씨 간재종택	서후면 금계리 162	054-852-2649
한양조씨종택	서후면 저전리 443	054-841-6291

〈독립운동기념관부근 고택체험〉

이름	주소	전화
묵계서원	길안면 묵계리	054-841-2434
소호헌	일직면 망호리 562	011-507-3963
대산종택	일직면 망호리 537	010-4806-0030
두릉구택	길안면 현하리 464	010-3281-6533
서산서원	일직면 원리 산9	054-858-2190

〈안동포마을 고택체험〉

이름	주소	전화
안동포마을 고택체험	풍천면 가곡리 419	054-841-2434
옥연정사	풍천면 광덕리 20	054-857-7005
안동김씨종택(양소당)	풍산읍 소산리 218	011-260-9565
파산종택	풍천면 광덕리 111	054-853-2243

〈기타 숙박시설〉

이름	주소	전화
국학문화회관	도산면 서부리 220	054-856-7337
독립운동기념관	임하면 천전리 240	054-823-1520
온&청 찜질방	운흥동 141-26	054-857-8118
안동댐마을	와룡면 중가구리 249-1	054-856-5632
안동행복한게스트하우스	안동시 안흥동 278-87	010-8903-1638

〈템플스테이〉

이름	주소	전화
봉정사	서후면 태장리 901번지	054-853-4181
해동사	신세동 78	054-852-6320

안동시의 맛집

버버리찰떡 : 율세동 가톨릭상지대학 복지관
(전화 : 054-843-0106)

〈장소별〉

이름	주소	전화
구시장 찜닭골목	종손찜닭 외 10업소	054-855-9457
안동 문화의 거리	홍두깨 칼국수 외 14업소	054-857-2122
안동 한우갈비골목	재림갈비 외 10업소	054-857-6352
월령교 전통음식의 거리	콩깍지 외 13 업소	054-859-8877

〈메뉴별〉

메뉴	상호명(주소)	전화
안동간고등어	양반밥상 (상아동 513)	054-855-9900
헛제사밥	까치구멍집 (상아동 513)	054-821-1056
안동찜닭	원조안동찜닭 (남문동 181-7)	054-855-8903
안동한우	황소곳간 (풍산장터 내)	054-843-1002
안동한우	안동촌갈비 (안동시내 한우골목)	054-855-1234
안동칼국수	옥동손국수 (옥동)	054-855-2308
안동잉어찜	용상가든 (용상동 454-8)	054-856-7749
안동매운탕	동악골고향식당 (중가구 444)	054-856-7749
안동매운탕	강변매운탕 (당북동 434)	054-859-3220
안동보리밥	제비원식당 (구시장내)	054-858-2646
안동막창	안동막창 (남문동 222-48)	054-852-7890
한정식	청록 (정하동 312-2)	054-858-2698

〈권역별 모범음식업소〉

1. 안동시내권

상호명	주소	전화
솔밭식당	옥정동 1-5	054-857-7907
옛마을	동부동 74-3	054-859-2691
부숙한정식	목성동 38-8	054-855-8898
안동찜닭종손	남문동 179-7	054-855-9457
서울갈비식당	동부동 136-3	054-859-6264
옥류관면옥	삼산동 103-3	054-853-8484
두레쌈밥정식	삼산동 93-22	054-853-9444

2. 옥동

상호명	주소	전화
고려정	옥동 1243-25	054-843-5665
정일품식당	옥동 945-9	054-821-0110
하늘로흐르는강	옥동 838-5	054-855-5115
고향솥뚜껑삼겹살	옥동 945-1	054-843-5775
금석오리	옥동 784-5	054-841-0159
하임	옥동 1305-1	054-854-9900
군복할매생아구찜	옥동 767-7	054-853-5985
옥동부산복어	옥동 789-6	054-852-5550
바르미샤브칼국수	옥동 789-5	054-841-3553
제주복어	옥동 767-12	054-858-5005

3. 하회마을권

상호명	주소	전화
옥류정	풍천면 하회리 313-1	054-854-8844
추임새	풍천면 하회리 275	054-853-4001
목석원	풍천면 하회리 247-3	054-853-5332
황소곳간	풍산읍 안교리 597	054-843-1002
안동황우촌	풍산읍 안교리 123	054-855-3352
대구식당	풍산읍 상리리 462	054-858-4212
민속음식의집	풍천면 하회리 286	054-843-2100
이조갈비	풍산읍 하리 235-7	054-858-6681

4. 도산서원권

상호명	주소	전화
도산대가	도산면 분천리 258-1	054-852-6660
국학문화회관 내 식당	도산면 서부리 220	054-856-7337
몽실식당	도산면 온혜리 387	054-856-4188

5. 봉정사권

상호명	주소	전화
산장휴게소	서후면 태장리 933-1	054-843-9616
송정휴게소	서후면 태장리 948	054-857-1316

6. 안동댐권

상호명	주소	전화
까치구멍집	상아동 513 2	054-821-1056
터줏대감	상아동 512	054-853-7800
안동민속음식의집	상아동 513-2	054-821-2944
양반밥상	상아동 513	054-855-9900
동악골식당	와룡면 중가구리 449	054-855-6365
별장식당	상아동 124-1	054-859-0409
이정	상아동 520	054-852-2478

7. 독립운동기념관권

상호명	주소	전화
독립운동기념관 내 식당	임하면 천전1리 240	054-823-1555
백운관광농원	임하면 천전1리 333-53	054-823-2040
백수장가든	임하면 천전1리 218-1	054-822-3153
반변천가든	임하면 천전1리 335-8	054-822-4011
향토사랑	임하면 천전1리 77-6	054-822-6600

3장

자연과 문학이 함께 어우러진
고추의 고장

영양군 여행

경상북도 동북부에 위치한 영양군은 북고남저의 산간분지로 해발고도가 경상북도에서 가장 높아 겨울이 길고, 눈이 오랫동안 남아 있는 지리적 특징이 있다. 푸른 산과 여유로운 자연이 있는 아름다운 청정지역으로 산 좋고 물 맑으며 인심도 좋은 고장이다.

조상의 숭고한 얼이 담겨져 있는 많은 문화유산과 반딧불이가 서식하는 천혜의 수려한 자연경관을 보유하고 있는 청정지역 영양군은 자연과 문학이 함께 어우러져 문인이 많이 배출된 유서 깊은 선비의 고장이고, 우리나라에서 가장 유명한 고추의 명산지다. (영양군 관광문화과 전화:054-680-6062)

01 예술지상주의 시인 오일도의 고향
감천유원지(계곡)와 감천리 측백나무 숲

　영양읍 감천리에 있는 감천유원지는 반변천의 맑은 물, 울창한 숲과 시원스럽게 펼쳐져 있는 솔밭 주변의 휴게공간으로 겨울에는 수직으로 뻗은 석벽이 빙벽을 형성하므로 빙벽 타기를 즐기는 사람들이 많이 찾는 곳이기도 하다.

　감천유원지 맞은편에 측백나무가 석벽 사이에 자생하여 곳곳에 무성하게 자라고 있는 측백나무 숲은 측백나무가 바위틈에서 생장하기 때문에 수고가 3~5m로 생육상태가 좋지 않지만 나무가 자연 상태로 잘 보존되어 있고, 학술연구자원으로서 그 가치가 인정되어 천연기념물 제114호로 지정되었다.

　감천마을은 낙안오씨의 집성촌이자 1935년 시 전문지《시원(詩苑)》을 창간하여 문단에 예술지상주의의 꽃을 피운 시인 일도(一島) 오희병(吳熙秉, 1901~1946)의 고향으로 오일도 생가도 있다.

영양군 제공

02 멸종위기 야생동물의 천국
곡강팔경

　일월면 곡강리에 있는 척금대에서 바라보면 일월산 '뿌리 샘'에서 발원한 반변천의 맑은 물이 남쪽으로 흐르다가 수백 척이나 되는 반월형의 암벽을 끼고 동북쪽으로 유유히 흐르므로 곡강(曲江)이라 불렀다고 한다.

　곡강에는 척금대 외에 절벽 위에 솟아 있는 여기봉, 약수천, 지석암, 병풍암, 반월산, 이수곡, 동만곡 등을 곡강팔경이라 부를 만큼 절경을 이루고 있으며, 거울처럼 맑은 물속을 헤엄치는 물고기와 강가에 펼쳐진 솔밭, 깨끗한 모래는 자연의 아름다움을 그대로 간직하고 있는 절경이다.

　반변천 유역에는 멸종위기종으로 지정되어 보호되고 있는 야생동물인 수달(천연기념물 제330호), 산양(천연기념물 제217호), 삵, 담비 등 20여 종의 포유동물이 서식하고 있다.

석천서당

03 『음식디미방』의 산실
두들마을

 석보면 원리리에 위치한 두들마을은 조선시대 광제원이 있었던 곳으로 석계(石溪) 이시명(李時明, 1599~1674)과 그 후손 재령이씨의 집성촌이다. 석계고택, 석천서당 등 전통가옥 30여 채와 동대(東臺), 서대(西臺), 낙기대(落機臺), 세심대(洗心臺)라 새겨진 기암괴석을 비롯해서 궁중요서『음식디미방』의 저자 정부인안동장씨유적비, 정부인안동장씨예절관 등이 있으며 현대문학의 거장 이문열(李文烈)의 작품 속에 등장하는 인물들의 삶의 역정이 펼쳐지는 무대인 광산문학관 등이 있다.
 『규곤시의방(閨壺是議方)』의 저자 정부인 안동장씨(1598~1680)는 안동에서 학봉 김성일 선생의 적통을 이어받은 경당(敬堂) 장흥효(張興孝)의 무남독녀로 태어나 19세에 출가하여 석계 이시명의 계실이 되었다. 전실 소생 1남 1

1 정부인 안동장씨 유적비 2 석윤정사 3 정부인 안동장씨 예절관

녀와 계실 소생 6남 2녀, 즉 7남 3녀를 훌륭하게 양육하였고, 시문과 서, 화에 능할 뿐만 아니라 자녀교육에 귀감을 보임으로써 후세 위대한 어머니상으로 추앙받았다.

장씨가 저술한 『규곤시의방』은 『음식디미방』으로 더 잘 알려져 있는데 내용을 크게 나누면 메밀국수, 다식, 약과 등 면병류, 붕어찜, 영계찜, 젓갈 등과 어묵류, 오이화채, 쑥국, 마늘 담는 법 등과 소과류, 이화주, 죽엽주, 과하주 등 술과 초 담그는 법, 매실 초 등 식초류의 조리법을 상세하게 기록하고 있다. 이 책에 나오는 음식들은 아직까지 남아 있는 것도 있지만 아예 사라졌거나 만드는 방법이 달라진 것도 있고, 이름은 같지만 전혀 다른 음식으로 변한 것도 있으며, 기록으로 남아 있는 우리나라 최고의 요리책이다.

『음식디미방』의 명칭이 『규곤시의방』으로도 불리는 것은 장정한 겉표지에 쓰인 표지서명이 『규곤시의방』이기 때문인데, 표지서명은 장씨의 부군 또는 자손

광산문학관

들이 격식을 갖추기 위해 새로 지어 붙인 것으로 추정된다. 본문의 첫머리에 나타난 권두서명은 이 책의 내용에 잘 어울리는 사실적 표현인 『음식디미방』으로 되어 있으므로 저술자의 의도를 존중하고, 책의 내용이 명칭에 직접 반영될 수 있도록 함에는 『음식디미방』이 적합할 것 같다.

04 마을을 지켜주는 '장수나무' 만지송

영양군 제공

석보면 답곡리에 있는 만지송(萬枝松)은 나무의 가지가 매우 많아 붙여진 이름이다. 옛날 어느 장수가 전쟁에 나가기 전에 이 나무를 심으면서 나무의 생사여부로 자기의 생사를 점쳤다고 하여 '장수나무'라고도 부른다.

만지송은 수령이 약 400년으로 추정되며, 높이 16m, 둘레 4m로 줄기가 합쳐져 한 줄기가 된 것처럼 보이나, 실제로는 땅에서 60cm까지만 한 줄기이고, 그 위부터는 줄기가 4개로 갈라져 올라가면서 매우 많은 가지가 상향, 수평, 하향으로 뻗어 남쪽과 서쪽의 가지는 끝부분이 거의 지표면에 닿아 수형이 반원형을 이루고 있다. 외형적 손상이 없이 영양상태와 생육상태도 아주 양호하고 수형이 균형을 잘 잡고 있어 매우 아름답게 보존되어 있으므로 천연기념물 제399호로 지정되었다.

마을 사람들은 마을을 지켜주는 나무라고 여겨왔으며, 아들을 낳지 못하는 여인이 만지송에 정성스럽게 소원을 빌어 아들을 낳았다는 전설도 있다.

05 | 한 폭의 산수화
본신계곡과 금강소나무생태경영림

본신계곡

수비면 본신리에서 신원리로 이어지는 본신계곡은 백암온천으로 가는 길목에 장장 6km에 걸쳐 있는 깊은 계곡으로 상류인 문상천에 상계폭포와 하계폭포가 있고, 울창한 숲과 즐비한 기암괴석, 그 위로 흐르는 옥계수가 한 폭의 산수화를 연상하게 한다.

본신계곡은 사시사철 언제 찾아가도 절경을 맛볼 수 있는데, 봄에는 진달래와 철쭉, 여름에는 물안개, 가을에는 형형색색의 단풍, 겨울에는 눈꽃이 절경을 이루며, 경북 내륙지방을 동해로 이어주는 길목 역할도 하고 있다.

금강소나무 최대군락지인 수비면 본신리에 조성된 금강소나무생태경영림은 출렁다리, 생태탐방로, 자생식물관찰탐방로, 향토물고기서식처, 등산로, 목재데크 등을 갖추고 있으며, 영덕국유림관리소에 숲 해설가가 배치되어 있어 금강소나무의 소중함과 숲에 얽힌 다양한 설명을 제공하고 있다.

금강소나무생태경영림은 아름답고 청정한 계곡을 끼고 있고, 금강소나무가 내 뿜는 숲의 향기도 느껴볼 수 있으며, 목공예체험을 통해 금강송의 진면목을 확인할 수 있다. (영덕국유림관리소 전화:054-732-1601)

06 영양군의 유일한 국보
봉감모전오층석탑

입암면 산해리에 있는 봉감모전오층석탑(국보 제187호)은 통일신라 초기의 전형적인 모전석탑으로 1단의 기단은 한 변의 길이가 약 5m인 네모난 자연석 위에 높이 약 41cm의 대석(臺石)이 있고 2단의 탑신 받침이 구성되었으며, 위풍이 당당하다.

옥신과 옥개석(屋蓋石)도 모두 벽돌모양의 돌로 쌓았고, 1층 탑신에는 섬세하게 조각한 문주와 미석이 있는 감실(監室)을 두었다. 2층 이상의 탑신은 중간마다 돌을 내밀어 대를 이룬 것이 특이하다.

삼국시대 불교가 전래된 이래 많은 탑이 세워졌는데, 초기에는 목탑이 많았고 차츰 석탑, 전탑으로 바뀌어 가는 과정에 석탑과 전탑 사이에 모전석탑이 등장하게 된다.

동산천 절벽과 수달보호지

　초기의 황룡사구층목탑 등 목탑은 거의 소실되었고, 벽돌을 구워 전탑을 만들기가 어려웠으므로 석탑이 많이 남아 있는데, 화강암이 많은 우리나라에서는 돌을 잘라 벽돌 모양으로 탑을 쌓은 모전석탑이 등장하게 되었다. 이 탑이 있는 마을의 이름이 '봉감(鳳甘)'이어서 봉감모전오층석탑으로 부르게 되었으나, 옛날에는 사찰도 있었을 것으로 추정된다.

　주위에 있는 동산천은 수달보호지로 지정되어 있고, 암벽과 석탑이 어우러져 경치가 매우 아름답다.

07 영양군에서 가장 오래된 정자
삼구정

　영양읍 대천리에 있는 삼구정(三龜亭)은 황간현감을 지낸 문월당(問月堂) 오극성(吳克成)의 손자 용계(龍溪) 오흡(吳翕, 1576~1641)이 병자호란 때 인조가 굴욕적인 강화조약을 맺은 것에 분노하여 반월산 아래에 초가로 정자를 지은 것으로, 후손들이 기와집으로 고쳐지었지만 경북유형문화재 제232호로 지정되었다. 정자 앞에는 3개의 바위가 나란히 있는데, 그 모양이 마치 집을 업고 있는 거북이 같다고 하여 정자의 이름을 삼구정이라고 한단다.
　삼구정은 팔작지붕이고 건물의 규모는 앞면 3칸, 옆면 3칸으로 비교적 작다. 조선중기의 건물로 다소 수리가 있었으나 옛 품격을 느낄 수 있으며, 영양군 내에서 가장 오래된 정자 중의 하나이고, 주변의 경치가 매우 아름답다.

08 조선시대 민가의 대표적인 연못
서석지

   입암면 연당1리에 소재한 서석지(경북중요민속자료 제108호)는 당파싸움에 회의를 느껴 벼슬길에 나서지 않고 은둔생활을 하며 학문연구로 일생을 마친 예천군 용문에서 출생한 석문(石門) 정영방(鄭榮邦, 1577~1650)이 광해군 5년(1613)에 서쪽의 구릉 밑에 흰 돌이 서 있는 곳에 못을 파서 서석지(瑞石池)라 이름 짓고, 그 위에 경정(敬亭)이라는 정자를 세웠다.
   경정은 서석지 좌우로 지은 주일재(主一齋)와 운서헌(雲棲軒)을 함께 일컫는 정자이다. 서석지 안의 돌들과 외원에 있는 기괴한 돌들 사이에는 유사점이 있는데, 이것은 내원을 외원의 축소판같이 보이게 하고, 여름에는 못 가운데 연꽃(부용대)이 정자 위로 향기를 풍기며, 가을에는 정자 앞에 서 있는 수령 400년이 넘은 은행나무가 풍치를 더하고, 서석지의 역사를 말하여 준다.

1 석문유물관 **2** 서석지와 은행나무

  서석지는 정원이 갖는 독특한 양식과 조경기술로 조선시대 민가의 3대 정원으로 꼽히고 있다.
  서석지 앞에는 석문 정영방의 자손들이 모아온 각종 역사적 자료를 보관하고 있는 석문유물관이 있다.

09 남이장군의 전설을 간직한 곳
선바위와 남이포

　입암면 연당리에 있는 선바위는 절벽과 강을 사이에 두고 바위를 깎아 세운 듯하여 얼핏 보기에 거대한 촛대를 세워 놓은 것 같은 바위로 신선바위(仙岩)라고도 불리며, 입암(立岩)면이라는 지명도 이 바위에서 유래되었다고 한다.

남이포

　남이포는 석벽과 절벽을 끼고 흐르는 반변천 본류와 동천의 두 물줄기가 합류하는 지점이다. 세조 때 남이장군이 역모자 아룡과 자룡 형제 등 모반세력을 평정하고, 역모세력이 다시 일어날 것을 방지하기 위해 큰 칼로 산맥을 잘라 물길을 돌린 마지막 흔적이 선바위라는 전설이 전해져 내려오는 곳이기도 하다.

　선바위와 남이포 주변에는 깨끗한 조약돌과 부드러운 모래가 깔린 넓은 백사장이 있고, 강물 속에 어른거리는 선바위와 남이포의 풍경이 너무 아름다워 '선바위관광지'로 개발하였으며, 산책로도 조성하였다.

　'선바위관광지' 내에 있는 영양고추 홍보전시관과 영양산촌생활박물관 및 감천유원지를 잇는 산책로는 조명시설이 잘 되어 있어 야간에도 산책할 수 있고, 달빛과 어우러진 경지가 절경이므로 연인과의 데이트코스로도 많이 이용되고 있다.

1 선바위의 유래
2 선바위

10 우리나라 최대의 반딧불이 서식지
수하계곡과 반딧불이 생태공원

　수비면 수하리에 있는 수하계곡은 백옥같이 맑고 깨끗한 물이 태초의 모습 그대로 간직된 신비의 계곡이다. 오염되지 않은 깨끗한 곳에서만 사는 반딧불이(개똥벌레)를 볼 수 있는 무공해 지역 중 하나로 청정 영양을 대표하는 우리나라 최대의 반딧불이 서식지이다.

반딧불이 생태공원

　반딧불이가 많이 서식하고 있는 골짜기인 수하계곡의 맑은 물속에는 버들치, 꺽지, 기름종개 등 10여 종의 어류가 서식하고 있다. 장수포천에서 볼 수 있는 한여름 밤하늘에 반짝거리는 반딧불이의 모습은 신비스럽고, 운이 좋으면 가끔 수달도 볼 수 있다.

'반딧불이 생태공원'은 왕피천의 지류인 장수포천의 수하계곡을 중심으로 반딧불이, 나비, 야생초화류 등을 관찰할 수 있는 초지생태계와 양서류, 파충류 등을 관찰할 수 있는 습지생태계, 유기농법, 메뚜기 등을 관찰할 수 있는 농생태계, 갑충류를 관찰할 수 있는 산림생태계, 탐방로 역할을 하는 하천생태계 등이 조성되어 있는 공원으로 도심에서는 경험할 수 없는 다채로운 볼거리와 체험을 통해 자연경관의 아름다움과 환경의 중요성을 일깨워주는 장소이다.

공원 근처에는 반딧불이와 관련된 전시와 다양한 생태체험 프로그램을 제공하는 '영양반딧불이생태학교'가 있고, 주위에는 울련산의 영천약수, 청소년수련원, 송방자연휴양림 등이 있다.

11 | 고추의 명산지
영양고추 홍보전시관

　입암면의 '선바위관광지' 내에 위치한 영양고추 홍보전시관은 영양고추의 가치와 경쟁력을 높이고, 고추산업에 대한 국민적 관심과 이해를 도모하기 위한 시설로 테마관, 홍보관, 영상관, 농수산물직판장 등을 갖추고 있다.

　홍보관에서는 영양고추의 우수성과 영양고추의 재배기술에 관한 내용을 전시하고, 전시장 주변의 야외공간에 영양고추의 재배과정을 대리석으로 조각한 조형물도 함께 설치하여 고추에 대한 모든 지식을 습득하고 체험할 수 있다.

　영양군은 농업소득의 40% 이상을 차지하고 있는 고추산업의 육성을 위해 영양고추시험장을 설립하고, 우수한 품질의 고추를 생산하기 위해서 종자의 개량, 저농약과 유기농 재배기술의 개발 등에 많은 투자를 하고 있다.

　고추는 가지과에 속하는 작물로 원산지는 남미의 아마존강 유역이고, 열대지방에서는 다년생이나 온대지방에서는 1년생 식물인데, 우리나라에는 17세기경에 중국으로부터 전래되었다는 설과 일본으로부터 전래되었다는 설이 있다. 확실하지는 않지만, 이수광의 『지봉유설』(1613년)에 "고추는 독이 있으며 일본에서 가져온 것으로 '왜겨자'라 부른다"는 기록이 있다고 한다.

　고추에 많이 들어 있는 캡사이신은 매운맛을 내지만 영양분이 많고, 식욕을 증진시키고, 더위와 추위에 견디는 힘을 길러주는 성분이며, 최근에는 다이어트와 항암작용이 있다는 것이 과학적으로 증명되어 더욱더 그 진가를 발휘하고 있다.

　매년 9월 중·하순경에 영양고추축제가 영양고추 홍보전시관과 영양군청 주위에서 열리고 있다.

굴피집

12 산촌의 삶과 문화를 가꾸는 곳
영양 산촌생활박물관

입암면 연당리에 위치한 영양 산촌생활박물관의 야외전시장에는 전통문화 공원을 조성하여 산촌민이 생활하던 투방집, 굴피집과 너와집 등을 사실적으로 재현해 놓았고, 실물 크기의 인형으로 꾸며놓은 산촌민의 생활상도 살펴볼 수 있다.

실내전시관에는 산간지역 산촌민의 생활 모습을 한 눈에 볼 수 있는 다양한 전시물과 요즘은 보기 힘든 멍석말이 같은 전통의 마을자치규범을 재현해 놓은 디오라마(조상들이 즐겨했던 각종 놀이) 등을 체험해 볼 수 있는 전통생활체험장을 운영하고 있다.

우리 민족의 전통 무속신앙에는 여러 가지가 있지만 집안에서 가장 높은 신인 성주 신, 집 주변을 돌며 재산을 지켜주던 두꺼비와 구렁이 같은 수호신,

1 투방집 2 서낭당 3 기름틀 4 영양 산촌생활박물관

잡귀를 막아 준다는 엄나무 부적 등과 물레방아, 주막 등을 볼 수 있으므로 잠시나마 동심의 세계로 돌아갈 수 있는 기회가 될 것이다.

13. 일제 수탈의 흔적이 남아 있는 길
외씨버선길과 일월산자생화공원

일자봉과 월자봉이 있는 일월산 자락에 조성된 아름다운 숲길인 '외씨버선길'은 1930년대 일제가 청송에서 시작하여 영양, 봉화, 영월로 이어지는 31번 국도를 닦아 일월산에서 채광한 광물과 벌채한 목재를 봉화, 영월, 서울로 옮겼던 수탈의 길이었다. 현재는 등산로로 활용되고 있는데, 일월산 자생화공원을 기점으로 우련전까지 약 8.3km의 아름다운 숲길로 용화리삼층석탑, 반변천 발원지, 희망우체통, 울창한 금강송 등을 볼 수 있어 많은 관광객이 찾아온다.

외씨버선길

대티골의 아름다운 숲길은 자연림으로서 빼어난 경관을 갖고 있고 역사와 문화의 정취를 함께 느낄 수 있는 소중한 곳으로, 숲길의 경사도가 아주 완만하여 어린이와 노인도 부담 없이 숲길을 체험할 수 있으며, 등산코스도 1시간에서 3시간까지 다양하게 조성되어 있다.

영양군에서 최북단에 위치한 대티골은 낙동정맥에서 가장 내륙이고, 경상북도에서 해발이 가장 높은 곳에 위치해 있는 마을로 알려져 있다.

일월산자생화공원

1 영양군 외씨버선길의 시발점
2 폐광의 흔적
3 야생화

일월면 용화리 일월산 자락에 조성된 일월산자생화공원은 일월산과 그 주변에 자생하는 하늘매발톱, 쑥부쟁이, 범부채 등 야생화 60여 종, 공원 내에 조성된 인공연못과 수로에는 연꽃, 수련 등 수생식물 10여 종과 공원 주변에는 소나무, 느티나무 등 향토수종 10,000여 그루로 꾸며져 있으며, 우리나라에서 잊혀져가는 야생화를 한 곳에서 이렇게 많이 관찰할 수 있는 유일한 곳이다.

공원부지는 일제강점기 때 일본이 광물을 수탈할 목적으로 만든 제련소와 선광장이 있던 자리로 일월산에서 채굴한 금, 은, 동, 아연을 선별하고 제련하던 곳이다.

1976년 채산이 맞지 않아 폐광이 되었지만, 공원일대는 금속의 제련과정에 사용한 화학성 독성물질과 폐광석 등으로 토양이 심각하게 오염되어 풀 한포기 자랄 수 없고, 오염된 침출수로 인해 계곡에는 물고기가 살 수 없었던 땅을 공원으로 조성하였다.

지금도 공원 뒤쪽에 선광장이 남아 있으므로 일제수탈의 현장을 생생하게 체험할 수 있는 산 교육장이다.

영양군 제공

14 내륙에서 가장 먼저 일출을 볼 수 있는 곳
일월산

　청기면과 일월면에 걸쳐 있는 일월산(日月山)은 태백산맥의 남쪽 끝에 위치한 고봉으로 해와 달이 솟는 것을 가장 먼저 바라본다고 하여 일월산이라 부른다. 정상부에는 일자봉(1,219m)과 월자봉(1,205m) 두 봉우리가 서로 마주하고 있으며, 제일 높은 일자봉에서는 청명한 날이면 동해가 훤하게 보이지만, 안개 때문에 일출 보기가 하늘의 별따기만큼 어려워 꼭두새벽에 열 번 올라가 한 번 성공하면 대봉의 기상이라 한다.

　매년 새해 아침이면 '일월산 새해맞이 행사'가 오전 7시 일자봉 정상에서 개최되는데, 동해의 붉은 여명 속에 서서히 떠오르는 해 솟음의 웅장한 광경은 바닷가에서 갑자기 떠오르는 해맞이와는 색다른 감동을 불러일으키고, 일월산의 눈꽃 등 주변 설경이 동화속 나라에 온 듯한 착각을 일으킬 만큼 섬세하

1, 2 일월산 황씨부인당(영양군 제공)

고 장엄하다.

　일월산은 음기가 강하여 여산(女山)으로 부르고 있고, 그믐날 내림굿을 하면 점괘가 신통한 것으로 알려져 전국 각지의 무속인이 모여들고 있으며, 무속인 사이에서는 성산(聖山)으로 받들어지고 있다.

일월산 등산로

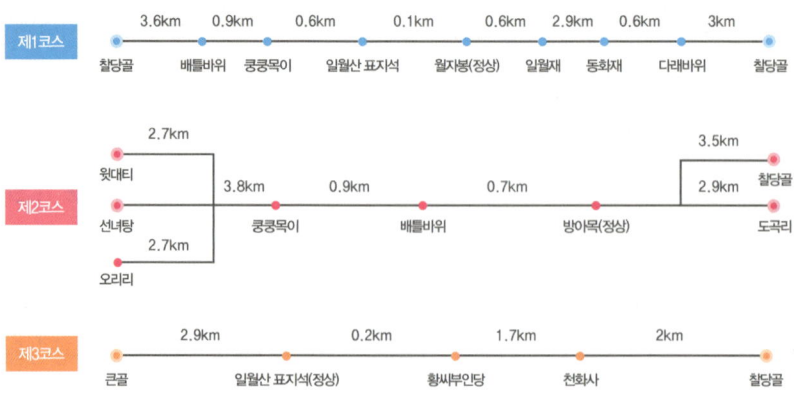

15 청록파 시인 조지훈의 고향
주실마을과 시인의 숲

영양읍 주곡리를 속칭 '주실마을'이라 한다. 주실마을은 한양조씨가 모여 사는 집성촌으로 '주실'이란 이름은 마을의 모습이 배의 모양을 닮아 그렇게 붙여졌다고 한다.

주실마을에는 17세기 말경에 건립된 것으로 추정되는 한양조씨 옥천(玉川) 조덕린(趙德鄰, 1658~1737)의 고택인 옥천종택(경북민속자료 제42호), 청록파 시인 지훈(芝薰) 조동탁(趙東卓)의 생가인 호은종택(경북민속자료 제78호), 영양군에서 제일 처음 건립하였다는 월곡서당(경북유형문화재 제172호), 지훈 시 공원, 지훈문학관, 만곡정사, 창주정사 등이 있고 마을의 입구에는 주실마을 숲이 있다. 또 호은종택의 대문을 등지고 맞은편을 바라보면 삼각형의 문필봉(文筆峰)이 보인다.

1 지훈생가에서 본 문필봉
2 주실마을 숲
3 지훈문학관

문필봉이란 풍수지리학에서 붓의 모양을 닮은 삼각형의 봉우리를 가리키는 말로 문필봉을 마주하고 있는 집이나, 마을에서는 훌륭한 학자가 태어난다고 알려져 있으며, 전국적으로도 많이 있다. 특히 주실마을의 문필봉은 옆으로 물길까지 끼고 있어 붓에 물이 더해지는 형국이므로 최고의 지형으로 꼽힌다.

시인의 숲

예로부터 주실마을은 재물과 사람 및 문장을 남에게 빌리지 않는다는 삼불차(三不借)의 전통을 이어오고 있을 만큼 글재주가 좋은 사람이 많았다고 한다.

주실마을 숲은 마을 주민들이 원래의 천연림에 100여 년 전에 소나무를 보식하여 확장하고, 오랜 세월 지극 정성으로 가꾸어온 숲이다. 숲에 들어가면 하늘이 보이지 않을 정도로 상층목, 중층목, 하층목이 빼곡히 우거져 있으며, 매우 건강하고 아름다운 숲으로 조지훈을 기념하여 '시인의 숲'이라고도 하며, 2008년 제9회 아름다운 숲 대상을 수상하였다.

16 『동국이상국집』에 소개된 술
초화주

초화주(椒花酒)에 관한 기록은 술이 없으면 시를 쓸 수 없었다는 백운거사(白雲居士) 이규보(李奎報, 1168~1241)의 문집『동국이상국집』에 이화주 등과 함께 소개되어 있으므로 초화주는 고려 중기부터 선비들이 즐겨 마셨던 명주였음을 알 수 있다.

초화주는 지하 164m의 암반수, 우리 쌀, 우리 밀로 만든 누룩과 일월산 자락에서 캔 천궁, 당귀, 오가피 등 12종의 한약재와 후추 또는 산초와 꿀을 첨가하여 빚어 만든 명주로 '향기로운 꽃술'이라는 명칭에 걸맞게 한약재와 꽃의 향이 은은하면서도 깔끔하게 술맛을 더해준다.

현재는 영양군 청기면에 살고 있는 예천임씨 임종호의 집안에서 초화주의 맥을 잇고 있지만, 30도 350ml와 40도 700ml로 포장하여 주문을 받아서만 판매하고 있는데(전화:010-8676-8969), 초화주는 전통적인 민속주로 인정받아 '2000서울ASEM정상회의'의 공식주로 지정되었었다.

영양군 그 외의 여행지

검마산자연휴양림 제공

검마산자연휴양림

수비면 신원리에 있는 검마산자연휴양림은 국립자연휴양림관리소(www.huyang.co.kr)가 운영하는데, 숙식을 할 수 있는 산림문화휴양관, 자생식물관찰원, 등산로, 야영테크 등이 매우 잘 꾸며져 있다.

영양군 제공

삼지리모전석탑

영양읍 삼지리에 있는 삼지리모전석탑은 절벽을 이룬 산 중턱에 튀어나온 바윗돌 위에 벽돌 모양으로 다듬은 돌을 차곡차곡 쌓아 올린 모전석탑이다. 큰 바위를 기단 삼아 그 위로 탑신을 올려놓은 모습이고 원래 3층탑이었지만 현재는 2층까지만 남아 있으며, 경북문화재자료 제83호로 지정되었다.

심의계곡

심의계곡의 야생화(영양군 제공)

석보면 심의리에 있는 심의계곡은 맹동산에서 서남쪽으로 흘러내려 오는 물이 바닥까지 훤하게 들여다 보일 만큼 맑고, 장장 11km에 이어져 있으며, 크고 작은 폭포가 매우 많다. 그중 물줄기가 사자입 속으로 쏟아지는 형상을 하고 있는 높이 7~8m의 사자암폭포가 가장 장관이다.

심의계곡은 계곡이 깊어 한여름에도 물안개가 피어오르고, 가을에는 골짜기의 원시림에 단풍이 물든 경치가 환상의 절경을 펼치는 등 사계절마다 다른 모습을 보여준다. 가까운 곳에 있는 맹동산 풍력발전소도 올라가볼 만하다.

영양 산돌배나무

영양읍 무창리(속칭 자무실)에 있는 산돌배나무는 수령 약 200년, 높이 16.5m, 밑동둘레 2.8m이고, 나뭇가지가 달려 있는 부분의 폭이 동서 19.6m, 남북 20.4m로 수형이 아름답고, 당산목으로 민속적 가치가 인정되어 천연기념물 제519호로 지정되었다.

산돌배나무는 활엽교목으로 5월 초에 담황색 꽃이 피는 개량 배나무와는 달리 조금 더 큰 순백색의 꽃이 피어 백설처럼 희고 정갈하며, 10월경에 직경 4~5cm 정도 되는 황색열매가 익는 특징이 있다.

영양군 제공

영양 주사골의 시무나무와 비술나무 숲

석보면 주남리에 있는 영양 주사골의 시무나무와 비술나무 숲은 수령 약 100~300년으로 추정되는 시무나무, 비술나무, 느티나무, 산팽나무, 산뽕나무 등을 방풍과 수해방지를 목적으로 조성한 마을 숲으로 시무나무와 비술나무와 같은 희귀한 수종이 포함되어 있는 오래된 수해방지림으로서 역사적 가치가 인정되어 천연기념물 제476호로 지정되었다.

느릅나무과에 속하는 시무나무는 아름드리로 자라는 큰 나무로 비교적 재질이 단단한 나무이고, 비술나무는 키가 큰 나무로 오래된 줄기에 흰 페인트를 칠한 것 같은 반점이 있는 특징이 있다.

영양향교

일월면 도계리에 있는 영양향교는 숙종 5년(1679)에 건립하였고, 인재를 양성하기 위한 영양지방의 국립교육기관이다. 성현의 위패를 모시고 향사를 지내는 묘우로 대성전과 명륜당이 남아 있으며, 경북유형문화재 제75호로 지정되었다. 영양 최초의 향교는 고려 명종 때인 1179년에 영양읍 동부리 여기봉 아래에 설치하였으나 지금은 없고, 향교동이라는 마을 이름만남아 있다. 명륜당의 현액은 고려말의 명필 유항(柳巷) 한수(韓修)의 글씨라고 하며, 악새기와에서 강희 23년(1684)이라는 명문이 발견되어 건립연대와는 약간 차이가 있다.

월담헌과 사월종택

영양군 제공

영양읍 하원리에 있는 월담헌과 사월종택(경북유형문화재 제52호)은 임진왜란 때 곽재우를 도와 의병활동을 한 사월(沙月) 조임(趙任)이 선조 35년(1602)에 건축하였는데, 앞에는 반변천이 흐르고 선유굴과 옥선대 및 비파담을 바라보는 경치가 아주 좋은 곳에 자리잡고 있다.

자연지형을 이용하고, 누각인 사랑채를 주 건물로 하여 주택을 사각형으로 배치시킨 것은 매우 희귀한 예이고, 이 집이 자리 잡은 방향과 낭의 형세는 궁중건물이 아니고서는 찾아볼 수 없는 명당이라고 한다.

화천리삼층석탑

영양군 제공

영양읍 화천리에 있는 화천동삼층석탑은 기단부에서 탑신에 이르기까지 표면에 많은 조각들이 매우 화려하게 장식된 석탑으로 9세기경에 건립된 것으로 추정된다. 기단 위에 3층의 탑신을 세운 모습이 전형적인 통일신라시대의 석탑으로 보물 제609호로 지정되었다.

현리삼층석탑

영양군 제공

영양읍 현1리에 있는 현리삼층석탑은 2단의 기단 위에 3층의 탑신을 올리고, 아래층 기단에는 12지신상, 위층 기단에는 8부중상(八部衆像), 탑신의 1층 각 면마다 사천왕상을 도드라지게 새긴 조각수법으로 보아 통일신라후기인 9세기경에 세워진 것으로 추정되고, 보물 제610호로 지정되었다.

영양군의 축제 및 문화행사

축제 및 문화행사	일시	장소(연락처)	특징
영양 산채 한마당	5월중~하순	일월산, 영양군청 주변 (054-680-6062)	산나물캐기
영양 HOT 페스티발	9월초순	서울광장(054-680-6062)	도·농 상생한마당
일월산 해맞이 축제	1월 1일	일월산(054-680-6062)	해맞이 행사
구담장	4일, 9일	잡곡류, 안동한우 등	
임동장	5일, 10일	천마, 간고등어 등	

영양군의 재래시장

재래시장(위치)	장날	특산물
영양장 (영양읍)	4일, 9일	영양고추, 산나물, 잡곡류 등
수비장 (수비면)	3일, 8일	영양고추, 산나물, 벌꿀 등
입암장 (입암면)	5일, 10일	영양고추, 산나물, 잡곡류 등
석보장 (석보면)	1일, 6일	영양고추, 산나물, 잡고류 등

영양군의 체험관광, 고택체험과 숙박시설

이름	주소	전화
수하산촌생태마을	수비면 수하리	054-683-0312
수하청소년수련원	수비면 수하리	054-680-6425
검마산자연휴양림	수비면 수하리	054-682-9009
수하반딧불이(민박)	수비면 수하리 389	054-683-4874
올레쉼터(민박)	수비면 수하리	054-682-8174
이병태 민박	석보면 원리(두들마을)	011-527-8168
한옥민박	석보면 원리(두들마을)	054-682-1480
궁전장여관	영양읍 서부리 507-8	054-682-6964

영양군의 맛집

이름	위치	전화번호	메뉴
선바위가든	입암면 신구리	054-682-7429	산채정식
낙동식당	입암면 신구리	054-682-4070	민물고기매운탕
대전식당	입암면 신구리	054-682-4037	메기어죽, 매운탕
일월산식당	청기면 당리	054-682-7211	염소불고기
일품관	영양읍 동부리	054-683-4000	중화요리
선산식당	영양읍 서부리	054-683-2026	숯불고기
실비식당	영양읍 서부리	054-683-2463	숯불고기
만포식당	영양읍 서부리	054-683-2329	숯불고기
서울반점	영양읍 서부리	054-682-6661	중화요리
미락숯불가든	영양읍 서부리	054-683-5544	숯불고기
삼원가든	영양읍 서부리	054-682-5858	숯불고기
하얀비식당	영양읍 서부리	054-682-3355	숯불고기
장원가든	영양읍 서부리	054-683-1114	숯불고기
나성숯불가든	영양읍 서부리	054-682-0808	숯불고기
본가	영양읍 서부리	054-683-6692	숯불고기

4장

태백산권의 중심이자 수려한 청산의
선비의 고장

영주시 여행

영주시는 태백산에서 갈라져 서남쪽으로 뻗어 나온 소백산맥의 주봉인 비로봉(1,439m), 국망봉(1,421m), 연화봉(1,394m)과 죽령을 경계로 하여 도솔봉(1,314m)으로 이어진 소백산 산록의 고원지대에 형성되어 있으므로 오염되지 않은 맑은 물이 유유히 흐르는 청정지역으로 소백산과 태백산권의 중심도시이자 교통의 요충이다.

영주시는 부석사를 비롯한 신라시대부터의 불교문화와 소수서원을 비롯한 고려시대부터의 유교문화가 고스란히 보존되어 있는 '선비의 고장'이며, 풍기인삼, 소백산 하수오, 풍기인견, 영주문어 등의 특산물이 유명하다. (영주시 관광산업과 전화:054-639-6062)

괴헌고택

01 직절익공집
괴헌고택과 덕산고택

이산면 두월리에 있는 괴헌고택은 김경집(金慶集)이 정조 3년(1799)에 살림집으로 건축하여 아들 괴헌(槐軒) 김영(金瑩)에게 물려주었다. 1904년에 일부 중수하였는데 사랑채가 일반사가에는 지을 수 없었던 직절익공집이라는 특징이 있고, 옛 모습이 원형대로 잘 남아 있어서 중요민속자료 제 262호로 지정되었다.

괴헌고택은 외풍을 막아주고 낙엽 등이 모인다고 하여 잘 산다는 의미를 갖고 있는 삼태기형 한가운데에 지은 집이라고 하며, '괴헌'은 회화나무로 가득히 차 있다는 뜻에서 붙인 이름이라고 한다.

사랑채의 중간에는 월은정(月隱亭)이라는 현판, 우측에는 관수헌(觀水軒), 좌측에는 어약해중천(魚躍海中天)이라는 현액이 붙어 있는데, 월은정은 정자가 수해로 없어지고 현판만 남아 있는 것이고, 관수헌은 내성천을 바라다볼 수 있기 때문에 붙은 이름인데, 산과 물이 잘 어우러진 주변경관에 딱 어울리는 멋진 이름이다.

직절익공집은 기둥 위에 새 날개처럼 뻗어나온 첨차식 장식이 있는 전통 건축 양식인데, 고려시대의 건축수법으로 추측되지만 외형은 조선 초기에 체계화된 것으로 일반 사가에는 거의 없다.

덕산고택

덕산고택은 괴헌고택의 큰집으로 김경집이 영조 32년(1756)에 지은 집이다. 괴헌고택과 서남향으로 접하고 있는 가옥으로 사랑방과 마루방에는 벽장과 안채로 통하는 은밀한 통로를 만들어 내외간의 통행을 편리하게 한 특징이 잘 남아 있고, 조선후기 사대부가의 생활을 연구하는 데 좋은 자료로 평가되어 경북문화재자료 제529호로 지정되었다.

괴헌고택과 덕산고택은 영주댐 건설로 수몰되기 때문에 곧 이전할 예정이라고 한다.

1 사당 가는 길
2 디딜방아
3 덕산고택

02 | 신선이 노닐던 곳
금선계곡과 금선정

   금선계곡은 소백산 자락에서 비롯한 비단결처럼 흐르는 물살과 군데군데 깊어지는 여울, 그 물속에 오랜 세월을 지키고 있는 크고 작은 바위들, 양 옆에 드리워진 절벽, 사시사철 의연하게 서 있는 수백 년 묵은 노송 숲이 비단처럼 고상하게 아름답고, 물줄기가 한차례 깊어진 여울목 위에 널찍한 바위를 신선들이 노닐 만한 절경이라 하여 황준량(1517~1563)이 금선대라고 이름을 지었다고 한다.
   금계리의 용천동은 뒷산에 산위의 바위들이 마치 닭의 벼슬처럼 생겼다고 해서 붙여진 이름인 금계(金鷄)바위가 있고, 산줄기가 마을을 포근히 감싸 안아 마치 금계가 알을 품는 즉 '금계포란형'의 명당으로 『정감록』에서 10승지 중 으뜸이라고 하였다.

1 금선계곡 **2** 금선정

　수백 년 전부터 많은 피난민들이 와서 정착하여 살고 있는데, 주민들은 앞으로 세계대전이 발생하면 멸종된 인간의 씨를 구할 수 있는 유일한 곳이라고 신앙처럼 굳게 믿고 있다.

금선정

　풍기읍 금계리에 있는 금선정(錦仙亭)은 소백산의 주봉인 비로봉에서 발원한 금선계곡의 깊은 여울목의 절벽 위에 우뚝 솟은 정자로 황준량의 후손들이 송림과 어우러진 넓은 계곡과 기암괴석, 맑은 물소리, 울창한 숲 사이로 햇살을 받는 장소에 정조 5년(1781)에 건축하였다.

금성단

03 단종 복위운동의 성지
금성단과 압각수

　순흥면 내죽리 소수서원 옆에 있는 금성단은 세조 때 단종의 복위를 도모하다 화를 당한 세종의 여섯째 아들 금성대군(錦城大君, 1426~1457) 및 그와 연루되어 순절한 의사들을 추모하기 위하여 설립된 제단으로 사적 제491호로 지정되었다.

　순흥도호부에 위리안치되어 있던 금성대군은 강원도 영월 청량포에 유배된 단종을 복위시키기 위하여 순흥에서 의사들을 규합하던 중 발각되어 세조 2년 (1456) 관련자는 모두 학살당했는데, 죽은 사람의 피가 죽계천을 따라 10리가 넘는 '피끝'마을까지 흘렀다고 한다. 이때 순흥도호부는 폐부되었다.

　순흥부는 숙종 9년(1683) 복원되고, 금성대군과 순절한 의사들이 신원(伸冤)되자, 숙종 45년(1719)에 '금성대군성인신단지비(錦城大君成仁神壇之碑)'

와 '순의비(殉義碑)'가 세워졌다.

압각수

금성단에서 약 300m 떨어진 곳에 '압각수(鴨脚樹)' 일명 '충신수'라 불리는 은행나무가 있다. 수령이 1,100년이나 된다고 하는 '압각수'는 정축지변(1457)으로 순흥도호부가 폐부될 때 밑동만 남고 불에 타 죽었다가 약 200년 후 순흥부가 복원될 때 다시 살아났다고 하는 전설을 간직하고 있는 나무다.

순흥도호부아 흥망성쇠를 함께한 신목(神木)으로 순흥도호부를 스쳐지나간 피의 역사를 고스란히 기억하고 있는 이 나무는 은행나무의 여러 가지 별명 가운데 잎이 오리발처럼 생겼다고 붙여진 '압각수'라는 이름으로 불린다.

1 금성대군 묘
2 압각수(보호수)
3 압각수

영주시 제공

04 고즈넉한 옛 멋을 간직한 전통마을
무섬마을

　문수면 수도리는 아름다운 자연과 고가(古家)가 그대로 보존된 전통마을로 내성천이 마을의 3면을 감싸 안고 흐르고 있으며, 그 가운데 섬처럼 떠 있는 마을이다. 700년이 넘는 전통마을은 강물 줄기가 마을을 휘돌아 나가는 육지 속의 섬마을로 '물 위에 떠 있는 섬'이라 하여 물 섬, 즉 무섬이라 불리고 있다.
　오지 중의 오지인 무섬마을의 앞에 은백색 백사장이 펼쳐진 내성천이 흐르고 있다. 마을에는 해우당과 만죽재 등을 비롯하여 경북민속자료로 지정된 고택만 9채나 되며, 아직도 16채나 남아 있는 고색창연한 고택들은 조선시대 후기 사대부가옥의 고즈넉하고 한적한 평화로운 분위기로 도시생활에 지친 영혼들을 말끔히 정화시켜줄 것이다.
　무섬마을은 물 위에 떠 있는 섬을 뜻하는 수도리(水島里)의 우리말 원래의 이름이다. 풍수지리학상으로는 매화꽃이 피는 '매화낙지', 또는 연꽃이 물 위에 떠 있는 '연화부수(蓮花浮水) 형국'이라 하여 길지 중의 길지로 꼽힌다.

이곳에 처음으로 정착한 사람은 반남박씨 판관공파 입향조인 박수(朴檖, 1641~1709)였지만, 그의 증손서인 예안김씨 김대(金臺)가 입향하여 지금까지 두 성씨가 집성촌을 이루고 있다.

마을 진입로가 지금은 포장이 잘 되어 있지만, 한여름 장마가 끝나면 넓은 모래사장을 가로지르는 외나무다리를 재현하여 옛 정취를 느낄 수 있게 하였고, 매년 장마가 끝나는 10월 초에 외나무다리 축제도 열고 있다.

해우당은 1878년 해우당(海愚堂) 김낙풍(金樂豊)이 세운 'ㅁ'자형 집으로, 조선후기 경북 북부지방의 전형적인 'ㅁ'자 집 평면구조를 잘 갖추고 있어 경북민속자료 제92호로 지정되었고, 해우당의 현판 글씨는 흥선대원군의 친필이라고 전해져 오고 있다.

만죽재(萬竹齋)는 반남박씨 판관공파 16세손인 박수가 무섬마을에 입향하여 1666년에 안마당을 중심으로 'E'자형으로 건립한 건물로 경북민속자료 제93호로 지정되었다.

1 외나무다리(영주시 제공)
2 만죽재고택(영주시 제공)
3 해우당고택(영주시 제공)

05 | 불교문화재의 보고
부석사

　부석면 북지리에 위치한 부석사는 신라 문무왕 16년(676년) 의상대사가 창건한 화엄종찰로 우리나라 최고의 목조건물인 무량수전(국보 제18호)을 비롯하여 조사당(국보 제19호), 소조여래좌상(국보 제45호), 조사당벽화(국보 제18호), 신라 유물인 무량수전 앞 석등(국보 제17호), 석조여래좌상(보물 제220호), 삼층석탑(보물 제249호), 당간지주(보물 제255호), 고려각판(보물 제735호), 오불회괘불탱(보물 제1562호) 등 많은 국가문화재를 갖고 있다.
　부석사에는 원융국사비(경북유형문화재 제129호), 삼층석탑(경북유형문화재 제130호) 등 경상북도가 지정한 유형문화재도 많이 있으므로 아마도 우리나라에서 한 장소에 가장 많은 불교문화재를 보존하고 있는 사찰일 것이다.
　우리나라 최고의 목조건물 중 하나인 무량수전은 부석사의 본정으로 건축양

1 범종각 2 선비화 3 삼층석탑 4 부석

식이 여러 가지 특징을 갖고 있다. 기둥은 배흘림이 많은 두리기둥을 세웠고, 지붕 네 모서리에 활주를 받쳤고, 공포는 첫 첨자 없는 주심포양식으로 내외 2출목이며, 가구는 전·후퇴 9량립의 팔작지붕이다. 고루와 고루 사이에는 대량과 그 위에 중량이 걸쳐 솟은 함량과 대공이 그 위에서 종자루를 받치고 있다.

고려 우왕 2년(1376년)에 중수하였다는 기록이 있으나, 전체적인 건축양식으로 보아 고려 중기의 건물로 추정된다.

무량수전과 자오선 상에 있는 석등은 사각의 이중 기대석 위에 8각을 기본으로 한 통일신라시대의 전형적인 팔각석등으로 화산석 사면에 부조된 보살상

조사당

이나 연화문, 받침의 각출 방식 등으로 보아 통일신라시대에 조성된 것으로 추정된다.

무량수전 뒷산에 있는 조사당은 의상대사의 진영을 안치하고 있으며 건립연대는 확실하지 않으나 고려 신종 4년(1202년)에 단청했다는 기록이 있고, 고려 공민왕 때의 벽화도 소실된 것을 우왕 3년(1377년)에 재건하였다.

조사당벽화는 12~13세기의 불화 양식과 근사하여 우리나라에 남아 있는 벽화로서는 가장 오래된 작품이며 고려시대 회화 중 가장 중요한 대표작의 하나로 평가되고 있다. 조사당의 좌우 벽에 그려져 있던 것을 1918년 떼어내어 유리 상자에 넣어 철재 유물전시관에 보관하고 있다.

무량수전의 주존으로 봉안된 소조여래좌상은 우견편단의 평행의 습선이나 촉지인을 한 자세 등에서 통일신라 8세기 이후의 양식을 보이기도 하나, 작고 두툼한 입술표현이나 근엄한 표정, 굳은 인체표현 및 딱딱한 옷 주름 등으로

무량수전과 석등

보아 고려시대의 소조불상으로는 정교하고 가장 크고 오래된 것이어서 매우 귀중한 작품이다.

부석사의 이름이 유래된 '뜬 돌' 곧 부석(浮石)은 지금도 불전 뒤 바위와 그것을 덮고 있는 큰 바위 사이에 끈을 넣어 보면 넘나드는 것으로 돌이 떠 있는 것을 알 수 있다고 한다. 의상대사를 흠모한 선묘낭자가 바다에 몸을 던져 용이 되어 신라에 와 의상대사를 많이 도와주었다는 설화가 있다.

주차장에서 무량수전까지는 약 1.5km로 20~30분 걸어가야 하지만, 조경이 잘 되어 있어서 주위의 경치가 매우 아름다우므로 산책로로는 최고이며, 특히 가을에는 은행나무 가로수의 단풍이 절경이다.

06 | 기품 있는 선비의 풍모를 지닌 영남의 명산
소백산과 소백산하수오

    소백산은 풍기읍 수철리에 소재하고 있지만 영주, 예천, 단양, 영월 네 고을에 걸쳐 있고, 주봉인 비로봉(1,439), 국망봉(1,431m), 제1연화봉 (1,394m), 제2연화봉(1,357m) 등 많은 산봉우리가 연이어져 있으며, 고장의 평화와 행복을 수호하고, 기품이 있는 선비의 용모처럼 맑고 수려한 기상의 영기가 어리는 성산으로 국립공원으로 지정되어 있다. 소백산의 정상에는 철쭉, 에델바이스와 주목이 많고, 칼바람과 멋진 설경으로도 유명하다.

    천연기념물 제244호인 주목군락지가 있는 비로봉, 나라가 어지러울 때 이 고장 선비들이 한양의 궁궐을 향해 국태민안을 기원하였다는 국망봉, 옛날에는 봉화대가 있었으나 지금은 소백산 천문대가 있는 연화봉, 삼국시대 산성의 흔적이 있는 도솔봉, 소백산 허리를 아흔아홉 굽이나 감돌아 오르는 죽령은 영남의 3대 관문 중의 하나이고, 매년 6월 초순에 소백산철쭉축제가 열리고 있다.

소백산은 백두대간의 허리쯤에 솟아 있는 산으로 조선시대의 동서분당(1574년), 임진왜란(1592년) 등을 예언한 것으로 유명한 풍수지리학자인 남사고(南師古, 1509~1571)는 전국의 명산을 찾아다니며 많은 일화를 남겼는데 『격암일고』에서 소백산을 '사람을 살리는 산'이라고 극찬하였으며, 『정감록』에 기록된 10승지 중 영주시의 금계리와 예천군의 금당실마을이 소백산 자락에 있다. 소백산 중턱에는 신라시대의 고찰 희방사, 비로사, 초암사와 성혈사 등이 있고, 희방사 입구에는 영남 제일의 희방폭포가 연중 시원한 물줄기를 피서객에게 선사하고 있다.

죽령은 지금은 중앙고속도로의 터널과 5번국도 등으로 통행하지만 옛날 선비들이 과거 보러 가던 죽령옛길을 복원하여 자연관찰로를 조성하여, 가을에도 머루, 다래, 으름 등을 따 먹으면서 산책할 수 있도록 하였다.

1 소백산 철쭉
2 에델바이스
3 주목군락지

한여름 안개 속의 희방사 계곡은 절경 중의 백미로 한 폭의 동양화를 연상하게 한다.

소백산하수오

하수오란 '새박덩굴' 또는 '박주'라는 덩굴 풀로 우리나라 각지의 산야에 널리

1 건조한 소백산 하수오
2 소백산 하수오

자생하고 있는 다년생 초본식물로 강장제로 많이 쓰이는데, 소백산에 자생하는 하수오(何首烏)의 약효가 가장 좋은 것으로 알려져 있다.

자연산 하수오가 부족하여 지금은 재배를 많이 하는데, 영주시에서는 장수면에서 400여 농가가 400여 톤을 생산하여 전국 생산량의 70%를 점유하고 있다. 상품은 '장수하수오'로 단순한 분말형태, 장비환, 유비환 등의 제품을 출시하고 있고, 국민건강 보조식품으로 인기가 높으며 생산량의 70% 이상이 백세주 원료로 공급되고 있다.

옛날 중국의 하수오란 사람이 체질이 허약하여 결혼을 하였으나, 자식이 없어 고민하던 중 깊은 산중에서 기이하게 생긴 풀의 뿌리를 캐어 복용하니 정력이 왕성해지고 흰머리가 검어지며, 모든 남성의 고민이 해결되는 효능을 얻어 넝쿨식물에 자신의 이름을 붙였다고 전해오는 하수오는 정력과 기를 보하고, 머리를 검게 하여 주고, 강장, 강정, 양혈, 보간(補肝), 거풍(祛風) 등에 효과가 있으며, 갈증해소 및 당뇨에 효능이 뛰어난 것으로 알려져 있다.

07 오장육부를 튼튼하게 하는 술
소백산오정주

영주시 제공

오정주에 관한 기록은 1680년경에 필사본으로 편찬된 『요록』이란 책에 처음 등장하고, 1872년 서유구(徐有榘)가 편찬한 『임원경제지』에도 기록이 남아 있으며, 현재는 영주시 고현동 박찬정가에서 4대째 그 제조 비법이 전수되고 있다.

소백산오정주는 소백산의 청정약수, 우리 쌀, 우리 밀로 만든 누룩과 소백산에 자생하는 둥굴레차(황정), 삽주뿌리 요두(창출), 솔잎(송엽), 구기자 뿌리껍질(지골피), 백합과의 다년생 덩굴 풀로 굵은 뿌리를 약초로 이용하여 강엿 역할을 하는 천문동 등 5가지 약초 재료로 빚어 만든 명주로 강장, 강정의 효능이 있어 오장육부를 튼튼하게 한다. 또한 저온에서 100일 이상 장기 숙성하였으므로 술을 아무리 많이 마셔도 뒤끝이 깨끗하다.

350ml, 500ml, 700ml로 포장하여 판매하고 있다. (소백산오정주:054-633-8166, 011-9372-8166)

소수서원

08 사립대학의 효시
소수서원과 선비촌

　순흥면 내죽리에 위치한 소수서원은 중종 38년(1543년) 풍기군수 신재(愼齋) 주세붕(周世鵬)이 우리나라에 주자학(정주학)을 도입한 회헌(晦軒) 안향(安珦, 1243~1305)을 추향하기 위해 백운동서원을 세웠으며 서원의 효시이다. 퇴계(退溪) 이황(李滉)이 풍기군수로 부임한 후 조정에 건의하여 소수서원(紹修書院)으로 사액되어 공인된 사립 고등교육기관으로 인정받게 되었다.

　소수서원에는 강학당(보물 제1,403호), 일신재, 직방재, 학구재, 지학재, 서고, 문성공묘(보물 제1,402호) 등이 있고 안향초상(국보 제111호), 대성지성문선왕전좌도(보물 제456호), 주세붕초상(보물 제717호), 숙수사지 당간지주(보물 제59호) 등 중요유적, 문물과 전적이 소장되어 있다.

　소수서원 경내에는 초암사 앞에서 발원하여 죽계구곡을 흘러내린 죽계천이 흐르고 있어 운치를 돋우고 있으며, 소수서원의 경렴정에서 바라다보이는 죽계천에 위치한 경(敬)과 백운동(白雲洞)이라는 글자가 음각으로 새겨진 '경자바위'가 병풍처럼 펼쳐져 있으며, 울창한 노송 숲과 어우러져 절경을 이루고 있다.

회헌 안향은 고려 후기의 명신학자로서 주자학을 연구하였으며, 후에 경사도수도감사로 임명되어 유학을 크게 진흥시킨 우리나라 주자학의 원조라 할 수 있다. 안향초상은 안향이 사망하고 12년 뒤인 고려 충숙왕 5년(1318) 왕명에 의하여 묘사된 것으로 흉부까지의 반신상으로 상부공간에는 찬문이 있어 제작 연유를 밝혀 주고 있다. 필법은 부드럽고 엷은 주선으로 안면의 윤곽을 그렸고, 구륵 처리는 얼굴의 이목구비에만 한정시키고, 옷 주름은 같은 굵기의 선으로 음영의 삽입 없이 간략하게 처리한 낡은 화폭이지만 안모에서 기품이 우러나오며 단아하면서도 장중한 분위기를 느낄 수 있다.

주세붕초상은 하면 상부를 넓게 여백을 두고 아래로 인물의 상반신을 크게 배치한 좌안 팔분면의 반신상으로 복장은 사모관대를 한 정장군복이다. 복식 상의 특징이나 안면을 형상하는 필법으로 미루어 볼 때 16세기경 초상화의 양식으로 추정되는 우리나라 회화사의 중요한 자료

1 경자바위
2 안향 영정각
3 안향영정
4 문성공묘

라 할 수 있다.

　대성지성문선왕전좌도는 공자를 상위로 하여 72현의 제자와 제후가 차례로 앉은 그림으로 작가는 미상이다. 중종 8년(1513)에 국학대성전에 모시고 있던 원본을 섬세하고 지극히 정교한 필체로 그린 이모본이나 색상이 잘 남아 있고, 유교, 주자학 도입의 연원을 보여주는 것으로 역사상 중요성이 높이 평가되는 작품이다.

선비촌과 소수박물관

1 소수박물관
2 선비촌 안내판

　순흥면 청구리에 위치한 선비촌은 소수서원과 함께 관람할 수 있도록 1997년에 착공하여 2003년에 소수박물관과 함께 완공하였다. 부지 면적 57,717㎡(17,459평)에 선비촌, 민속시설, 강학시설, 저잣거리 등을 재현하여 선비와 서민의 생활상을 한눈에 관람할 수 있도록 하였다.

　선비촌은 경북민속자료 제93호인 만죽재 고택 등 와가 7동과 까치구멍집 등 초가 5동 등을 혼합하여 우리나라 고유의 전통마을로 조성하였고, 선비촌 숙박체험을 할 수 있도록 개방하였다. (전화:054-638-6441)

　민속시설은 정려각, 산신각, 곳집 등 토속신앙시설과 정자, 누각, 원두막, 연자방아, 물레방아, 디딜방아, 대장간 등을 재현하였다. 옛날 장터를 재현한

저잣거리는 전통음식점 6동과 판매장 6동을 조성하여 먹을거리와 기념품, 특산품, 소백산 산나물 등을 구입할 수 있도록 하였다.

소수박물관(유교박물관)에는 유교의 근본이념과 변천과정을 자세히 알 수 있는 자료가 전시되어 있는데, 특히 김흠조부부묘출토유물은 조선시대 복식과 상장례 문화를 연구하는 데 귀중한 자료로 평가되어 중요민속자료 제242호로 지정되었다.

악금당(樂琴堂) 김흠조(金欽祖, 1461~1528)는 조선중기의 문인으로 1997년 영주-평은 간 국도공사 중 부부 묘에서 많은 유물이 출토되었다.

사현정

09 단종 복위운동의 중심지
순흥도호부 터와 사현정

　순흥면사무소와 뒤뜰에는 옛날 순흥도호부와 그 후원으로 단종 복위운동의 중심지였던 숙수사를 비롯하여 관아의 목조건물은 모두 없어지고, 축대와 주춧돌만 남아 있다. 전방후원의 연못과 수백 년 된 몇 그루의 고목만이 관아의 후원을 지키고 있지만, 순흥도호부 터는 명승으로 지정하여도 손색이 없을 만큼 아름다운 풍광을 자랑하고 있다.

　전방후원의 연못엔 가운데 둥근 섬에 '신선이 사는 섬에 지은 집'이라는 뜻의 '봉도각(蓬島閣)'을 세우고, '하늘엔 솔개가 날고 연못엔 물고기가 뛴다'는 뜻의 '연비어도(鳶飛魚跳)'란 현판을 달았다.

　순흥도호부 관아의 후원을 지켜온 400년이 넘은 고목은 고색이 창연하고, 연못에 비친 고목의 그림자는 단종 복위운동에 얽혀 무참하게 학살된 무고한

1 봉도각과 연못 2 연리지송 3 400년된 느티나무

백성들의 원혼이 금방이라도 튀쳐나올 것 같은 오싹함을 느끼게 하여 나그네의 발길을 멈추게 하고, 후원의 정취에 흠뻑 빠져들게 한다.

순흥면사무소 앞에는 천연기념물 제139호로 지정된 연리지송과 보호수로 지정된 400년 이상 된 느티나무가 있고, 흥선대원군이 세운 척화비도 있다.

'연리지송'은 '금슬송'이라고도 불리는데, 소나무의 연리지는 매우 희귀하여 이성지합(二姓之合) 또는 일심동체(一心同體)로 비유되어 부부금슬이나 아기 낳기를 빌기도 하며, 연인들이 영원한 사랑을 기원하기도 한다.

순흥면사무소에서 동쪽으로 약 300m 떨어진 곳에 있는 사현정(四賢井)은 고려 때 순흥에 정착한 순흥안씨의 후손들이 사용했던 우물로 안축(安軸)을 비롯하여 네 사람의 충신과 현인이 나온 것을 기념하여 풍기군수 주세붕이 인종 원년(1545)에 비를 세웠다고 한다.

벽화고분과 1호 고분 전경

10 고구려의 기상
순흥읍내리 벽화고분과 태장리1호 고분

　순흥면 읍내리 비봉산 기슭에 있는 순흥읍내리 벽화고분(사적 제313호)은 구조나 양식을 보았을 때 고구려의 영향을 많이 받았으며, 벽화는 봉황, 새, 구름, 역사 등이 다채롭게 조화를 이룬 소중한 유물로서 신라 시대에 축조된 것으로 추정된다. 순흥은 신라의 변두리이자 고구려의 변방에 위치하기 때문에 삼국시대의 회화, 종교관, 내세관 등은 물론이고 신라와 고구려의 문화교류를 이해하는 데 매우 귀중한 자료이다. 1985년 1월 문화재관리국과 대구대학교가 공동으로 발굴 조사한 이 벽화고분은 고분의 현실 남쪽 벽에 '기미중묘상인명(己未中墓像人名)'이라 쓰여 있어 대략 539년 쯤 축조된 것으로 추정된다.

1 기미중묘상인명 2 벽화 3 1호 고분이 뚜껑돌 4 1호 고분

　이 벽화고분 바로 옆에는 태장리1호 고분이 있다. 2010년 11월 풍기-단산 간 지방도 확장공사 때 태장리에서 신라고분 4기가 확인되었는데, 태장리 1호 고분은 석실 내부규모가 동서 8.7m, 남북 2.3m, 높이 약 3m의 대형인 횡구식석실묘로 석실 서쪽벽면에 외부로 통하는 문을 마련하여 추가장 형식의 무덤으로 추정되고, '出' 자 모양 금동관의 조각과 금동제 대금구의 조각, 금동 귀걸이 등이 출토되었으며, 천장에는 무게가 약 13톤에 이르는 뚜껑돌(蓋石)이 놓여 있는 6세기경의 신라고분으로 추정되어 복원해 두었다.

　이 벽화고분에서 약 400m 떨어진 곳에 1971년 이화여대 발굴 조사단에 의해 빛을 보게 된 순흥어숙묘(사적 제238호)가 있다. 어숙묘는 고신라시대 고분으로서 벽화가 남아 있는 경우는 매우 드물어 발굴 당시부터 학계의 관심을 모았었다.

마애삼존불상

11 사실주의 불상
영주 가흥동 마애삼존불상과 암각화

  영주시 가흥동에 있는 마애삼존불상은 영주시 외곽을 흐르는 '서천' 변에 있는 나지막한 야산의 거대한 화강암 암벽에 자연암석을 그대로 쪼아 보주형(寶珠形)으로 새겨져 있다.

  마애삼존불상은 서광배와 대좌를 갖춘 높이 3.2m의 본존불 좌상과 높이 2.3m와 2m의 좌우 협시보살 입상으로 구성되어 있으며 암석의 돌출된 부분을 광배와 대좌 및 불상의 신체의 선을 따라 다듬어내어 안정되고 유려한 모습으로 표현하였다.

  마애삼존불상은 7세기 후반의 통일신라시대 초기에 제작된 것으로 추정되는 사실주의적 불상으로 영주지역을 중심으로 한 통일신라 초기의 불교조각양식을 대표하는 사료적 가치를 인정받아 보물 제221호로 지정되었다.

영주가흥동암각화

마애삼존불상의 오른쪽 하단의 암벽에 높이 1m, 너비 4m 정도 크기로 쪼아서 새긴 암각화는 청동기 시대에 조성된 것으로 추정되는데, 아주 가까이 다가가서 봐도 그림의 선형이나 형태를 분간하기 힘들지만 햇빛이 잘 드는 날이면 어른어른한 문양을 쉽게 알아볼 수 있다.

암각화

12 선비고기
영주문어

영주문어는 동해의 활문어로 타우린 성분과 비타민 등을 많이 함유하고 있어 소화 촉진, 빈혈, 시력회복, 변비, 미각장애, 동맥경화, 간장병 등에 효과가 있는 웰빙식품이다.

문어에 가장 많이 들어 있는 타우린(쇠고기의 16배, 우유의 4배)은 옛날부터 고혈압, 심장병 등 순환기계통이 나쁠 때 푹 고아 먹으면 효과가 있다는 민간요법이 잘 알려져 있다.

냉장시설이 없던 1955년 영동선의 개통으로 동해 참문어가 영주에 도착할 때 쯤 가장 맛있는 상태로 숙성되어 내륙지방인 영주문어가 많은 사람의 사랑을 받게 되었고 선비의 고장 영주의 전통음식으로 자리매김하며 생일, 결혼, 회갑, 상례, 제사 등에 빠지지 않는 식품이 되었다.

문어의 문은 글월 '文' 자로 문어의 한자음이 학문을 뜻해 선비고기로도 불린다. 그래서 문어가 영주의 선비정신과 학문을 숭상하고 지역의 정신세계를 잘 대변해 주고, 깊은 바다에서 몸을 낮추어 생활하는 모습이 영주 선비들이 지닌 지조와 신념 및 겸양의 뜻을 대표하고 있으며, 위급할 때 내뿜는 먹물은 붓과 글을 쓰는 선비들에게는 없어서는 안 될 소중한 것으로 여겨져 영주사람들이 자연스럽게 친숙해질 수 있었다.

영주 역 앞에 있는 묵호문어집(054-635-4557), 부엉이상회문어집(054-638-1588), 울릉수산(054-634-6181) 등에서 삶은 문어를 kg 단위로 포장하여 판매하고 있다.

13 영풍병산리갈참나무

　단산면 병산리에 있는 천연기념물 제285호인 갈참나무는 높이 15m, 흉고 4m이고, 전해오는 이야기로는 창원황씨 황전이 세종 8년(1426)에 '선무랑 통례원봉래'로 이 마을에 왔을 때 심었다고 하나 확실하지는 않지만 수령이 약 600년으로 추정된다.

　천연기념물인 수목은 대부분 느티나무나 은행나무인데 갈참나무 노거수는 매우 드물기 때문에 학술적 가치가 인정되었고, 지금도 이 마을 사람들은 매년 정월 대보름에 이 나무 아래서 지역민의 길복과 풍년을 기원하는 동제를 지낸다.

　갈참나무는 우리나라가 원산지인 낙엽활엽교목으로 산골짜기나 토심이 깊고 비옥한 산기슭에서 많이 자라고 늦게까지 낙엽이 남아 있어서 가을참나무

동제를 지내는 나무

라는 뜻으로 갈참나무라는 이름이 붙었다고 한다.

　갈참나무는 잎자루가 있는 특징으로 신갈나무나 떡갈나무와 구별하고, 잎 뒷면이 회백색을 띠는 특징으로 졸참나무와 구별할 수 있는데, 잎도 시원하고 단풍도 좋아 주변 경관림 조성에 알맞다. 나무의 결이 곧고 단단하여 농기구 또는 가구를 만드는 데 많이 이용되고 펄프의 재료로도 이용할 수 있으며, 표고버섯 재배의 원목, 숯을 만드는 재목으로도 사용하고, 열매인 도토리는 식용으로 사용한다.

14 의술을 베풀던 정자
제민루

영주시 제공

가흥1동 서천가의 언덕 위에 있는 제민루(濟民樓)는 구성산 남쪽 기슭에 세종15년(1433) 창건하였고, 선조 31년(1598)에 이약소로 개칭하고 제약 구민하다가 폐지되었으나, 선조 41년(1608)에 의국을 재건하고 제민사업을 하였다고 전해오고 있다. 십리장제(十里長堤)에 녹음이 장관을 이루어 그 경관이 뛰어났으나, 1961년 홍수로 붕괴되어 1965년 현재 위치에 이건하였으며, 민속자료 제98호로 지정되었다.

단청이 빛나는 명루의 위용이 언덕 위에 높이 솟아 있어서 경관이 매우 아름답고, 야간조명시설을 설치하여 시내에서도 야경을 즐길 수 있도록 하여 새로운 명소로 부상되었다.

제민루 옆에 있는 삼판서고택은 조선왕조개국일등공신인 삼봉(三峰) 정도전(鄭道傳)이 태어난 집으로 알려져 있다.

초암사

15 「죽계별곡」의 배경
죽계구곡과 소백산자락길

　순흥면 배점리에 있는 죽계구곡은 소백산 비로봉과 국망봉 사이에서 발원하여 순흥면을 휘감아 돈 다음 낙동강 상류로 흘러들어가는 죽계천의 상류지역으로 소백산 초암사에서 약 100m 떨어진 제1곡 금당반석에서 시작하여 제9곡 이화동에 이르기까지 약 2km에 걸쳐 흐르는 계곡이다.

　아홉 구비를 돌아 절경을 이루는 죽계구곡은 고려 충숙왕 때의 문신이자 문장가인 근재(謹齋) 안축(安軸, 1282~1348)이 지은 『죽계별곡』의 배경이 된 곳이고, 바닥이 훤히 들여다보이는 맑은 계곡과 소나무와 참나무의 고목, 기암괴석이 어우러져 멋진 풍경을 이루므로 퇴계 이황도 그 비경에 취해 찬사를 보냈다는 기록이 있다.

　특히 제4곡은 한가운데에 둥근 바위가 놓여 있는 소(沼)로 폭포가 쏟아지는 모습이 하늘에서 용이 여의주를 물고 내려오는 모습과 닮았다고 하여 용추비폭이라는 이름이 붙었다고 한다.

초암사 입구에 있는 죽계천을 막아서 조성한 순흥댐의 멋진 경관을 구경하고 순흥댐 옆 돌에 새긴 「죽계별곡」을 한번 읽어보고 가면 죽계구곡을 감상하는 데 도움이 될 것이다.

소백산자락길

소백산을 한 바퀴 돌아볼 수 있는 문화생태탐방로 열두 자락 143km가 예정되어 있다(2012년 2월 현재). 현재는 아홉 자락이 조성되어 있으며, 볼거리도 많고 경치가 아름다운 선비길(13.9km, 소수서원~금성대군신단~순흥향교~삼괴정), 구곡길(3.3km, 삼괴정~죽계구곡~초암사)과 달밭길(5.5km, 초암사~달밭골계곡~비로사~삼거리)이 소백산자락길의 백미다.

1 소백산자락길 안내 2 달밭골 안내 3 자락길 입구 4 죽계별곡

16 먼 옛날 꿈과 희망을 담고 서울로 가던 길
죽령옛길

　풍기읍 수철리 소백산 제2연화봉과 도솔봉과 이어지는 잘록한 허리지점에 자리한 죽령(689m)은 『삼국사기』와 『동국여지승람』에 아달왕 5년(158년)에 죽죽(竹竹)이 죽령 길을 개척하고 지쳐서 순사했고, 고개 마루에는 죽죽을 제사하는 사당인 죽죽당이 있었다고 하였다.

　유구한 역사와 온갖 애환이 굽이굽이 서려 있는 죽령은 삼국시대 고구려와 신라의 국경으로 양쪽의 군사가 쫓고 쫓기고 엎치락뒤치락 불꽃 튀는 격전을 벌이던 곳이기도 하다.

　20세기 초까지도 경상도 동북지방 여러 고을이 서울왕래에 모두 이 길을 이용하였으므로 청운의 꿈을 품고 과거를 보러가던 선비, 공무를 띤 관원, 온갖 물건을 유통하는 보부상들로 사시장철 범람했던 이 고갯길에는 길손들의 숙식을 위한 객주, 마방들이 목목이 늘어 있었으나, 교통의 발달로 이곳을 이용하는 사람의 발길이 끊겨 수십 년간 숲과 넝쿨에 묻혀 있었다.

역사의 애환을 간직하며 2천 년 가까운 세월, 영남내륙을 이어온 죽령의 옛 자취를 되살려 보존하려는 뜻에서 1999년 영주시가 희방사 역에서 죽령주막까지 1시간 정도(2.5km) 걸리는 길을 복원하여 죽령옛길 자연관찰로를 조성하였고, 명승 제30호로 지정되었다.

머루, 다래, 으름 넝쿨로 뒤덮인 울창한 숲과 산새, 다람쥐 등이 반기는 산길을 걸으며 서민들의 발자취를 느껴 볼 수 있다.

1 죽령옛길 입구
2 죽령옛길의 다래나무
3 죽령옛길 종점의 교남제일루

17 풍기인견 판매장

1 풍기인견
2 풍기인견 직조과정

풍기읍에는 중앙선의 풍기역을 중심으로 수십 군데의 풍기인견판매장이 있고, 중앙고속도로 풍기인터체인지를 나오면 봉현면 일대에도 몇몇 군데의 풍기인견판매장이 있다. 풍기인견은 화학섬유가 아닌 순수천연섬유로, 누에실로 만든 동물성 견사와는 달리 나무에서 추출한 펄프로 만든 식물성 천연섬유로 통풍과 땀 흡수가 잘 되고 정전기가 없으며, 피부에 자극이 적어 아토피와 같은 피부가 약한 사람에게 특히 좋다. 풍기인견은 촉감이 시원하여 '에어컨' 섬유로 불릴 정도로 여름옷이나 침구류로 가장 적합하다는 평을 받고 있으며, '한국능률협회인증원'으로부터 '특산명품 웰빙 인증'을 획득하여 명실공히 자타가 공인하는 웰빙 건강섬유이다.

풍기인견은 1930년대 평남 덕천지방에서 명주공장을 운영하다가 월남한 사람들이 직조를 시작한 것이 풍기인견의 시작이고, 6·25 사변 이후 정감록의 영향으로 월남한 사람들이 대거 풍기에 정착하여 인견직조공장을 운영하면서 가내공업으로 발전하였으며, 풍기를 대표하는 전통산업으로 이어져오고 있다.

인조견사는 파스퇴르와 함께 누에의 질병을 연구한 프랑스의 화학자 '샤르도네(Chardonet, 1839~1924)'가 사진에 대한 연구를 하다가 힌트를 얻어 발명하였다고 하는데, 콜로디온(collodion)을 사진 감광막의 원료로 사용하기 위해 콜로디온 용액을 응고시켜 작은 구멍으로 밀어내자 누에에서 뽑은 명주실처럼 가는 실이 나오는 것을 1885년에 발견하였다. 이 실이 명주실을 대신하는 인조견사로 발전하게 되었다고 한다.

18 풍기인삼시장

1 풍기역전에 있는 풍기인삼시장
2 풍기인삼축제

풍기하면 누구나 인삼을 연상할 만큼 풍기인삼은 역사도 오래되었고 인삼의 효능도 가장 우수한 것으로 잘 알려져 있다. 중앙선의 풍기역 바로 앞에 풍기인삼시장 건물(판매장 48개)이 있는데, 시내의 어디를 가도 풍기 인삼판매장이 무수히 많고, 중앙고속도로 풍기인터체인지를 내리면 봉현면 일대에도 풍기인삼판매장이 많이 있으므로 수삼, 백삼, 홍삼은 물론 인삼으로 가공한 여러 가지 제품을 쉽게 구입할 수 있다.

역사적으로는 신라 진평왕 49년(629)에 당나라 고조에게 선물했다는 기록에 처음 등장하고, 『삼국사기』에도 신라 성덕왕 33년(734)에 왕의 조카 김지영이 당나라 하정사로 가면서 현종에게 인삼(나삼) 200근을 선물하였다는 구체적인 기록이 있는데, 이때의 인삼은 아마도 소백산에서 나온 산삼일 것으로 추정할 수 있다.

풍기인삼이 최초로 재배되었다는 기록은 『이조실록』에 중종 때의 선비 신재(愼齋) 주세붕(周世鵬)이 풍기군수로 재임(재임:1541~1545)하고 있을 때 백성들의 징삼 의무를 덜어주기 위하여 소백산의 산삼종자를 채취하여 인삼으로 재배하는 방법을 개발하고, 널리 보급하였다고 기록되어 있다.

인삼의 한방적 효능에 대해 『동의보감』과 『본초강목』에서는 인삼은 원기를 보하고, 폐를 튼튼하게 하며 비장을 좋게 하고 심장을 편안하게 해준다고 하였

풍기인삼 시발지

고, 『신농본초경』에서는 인삼이 간장과 비장의 양기를 북돋아주고, 위장의 기를 열어주며, 구토, 토사광란, 갈증을 멎게 하고 혈액을 잘 통하게 하므로 장복하면 몸이 가벼워져 장수한다고 기록하고 있다.

최근 국내외 학자들의 연구 결과에 의하면 인삼에는 사포닌 성분과 사포닌의 합성물인 진세노이드가 많이 함유되어 있으므로 환경호르몬인 다이옥신의 독성을 완화시켜주고, 에이즈 치료에 탁월한 효과가 있으며, 여성의 갱년기 장애증상을 완화시켜주고 뇌경색을 예방하는 효과가 있다고 한다. 또 고혈압 환자의 혈압을 내려주며 고지혈증 환자의 콜레스테롤 수치를 낮추는 데 효과가 있고, 발기부전 치료에 탁월한 효과가 있으며, 항암제의 독성을 완화시키고, 스트레스를 억제하는 효과가 있다는 것 등이 증명되어 있다.

특히 풍기인삼은 풍기지역이 소백산에 근접한 지역으로 돌이 많고, 바람이 사시사철 강하게 불어 통풍이 원활하고 배수가 좋아 산삼의 생육과 비슷한 환경이기 때문에 천혜의 자연조건에서 재배되므로 다른 지역의 인삼보다 효능이 우수한 것으로 평가되었으며, 이미 100년 전에 '풍기인삼협동조합'이 설립되었다.

풍기인삼을 홍보하기 위해 '지구촌의 건강한 삶을 책임지는 만고의 영약 풍기인삼'이라는 슬로건으로 매년 10월 초순에 풍기인삼축제가 열리고 있는데, 인삼 캐기, 인삼박피, 병삼제조, 홍삼가공과정 등의 체험행사도 함께 열리고 있다. (풍기인삼축제추진위원회 전화:054-632-0020)

19 고려시대의 보물을 소장한 종택
화기리인동장씨종택

영주시 제공

장수면 화기리에 있는 화기리인동장씨종택은 연복군(延福君) 장말손(張末孫, 1431~1486)의 종택(경북민속자료 제98호)으로 인동장씨 영주 입향 시조인 장응신(張應臣)의 손자 장언상(張彦祥, 1529~1609)이 건립한 것으로 전해오는데, 고려 시대의 보물을 가장 많이 소장하고 있는 종택이다.

이시애의 난(1459)을 평정한 공으로 적개공신이등에 책봉된 연복군 장말손은 점필재(佔畢齋) 김종직(金宗直)과 교분이 두터웠다고 한다. 또한 예조참의의 벼슬을 사임하고 낙향하여 송설헌(松雪軒)을 지었으며, 한운야학(閑雲野鶴)을 벗 삼아 유유자적하였다고 한다.

종택 내에는 사당과 영정각, 유물각, 송설헌 등의 건물이 400여 년간 보존되고 있으며, 유물각에는 연복군의 6대조인 장계의 고려홍패, 연복군의 홍패와 백패 3점이 보물 제501호, 상훈교서가 보물 제604호, 공신회맹록과 패도 2점은 보물 제881호, 인동장씨 고문서 11점과 녹패 1점과 장언상 교지 6점이 보물 제1005호로 지정되었고, 영정각에 있는 연복군 장말손 영정이 보물 제502호로 지정되었다.

20 흑석사

이산면 석포리에 있는 흑석사는 의상대사가 창건한 통일신라시대의 고찰로 임진왜란 때 소실되어 폐사되었다가 1945년에 중창하였는데, 1993년 대웅전에 봉안되어 있던 흑석사목조아미타불좌상병복장유물(黑石寺木造阿彌陀佛坐像幷腹藏遺物)이 발견되어 국보 제282호로 지정되었다.

복장유물은 복장기(腹藏記), 불상조성권선문(佛像造成勸善文), 불설대보부모은중경(佛說大報父母恩重經), 백지묵서불조삼경합부(佛祖三經合部), 금니묘법연화경(金泥妙法蓮華經) 2권, 변상도(變相圖), 감지은니묘법연화경(紺紙銀泥妙法蓮華經) 3권, 부적 등 전적류 7종 14점, 사리보자기 등 직물류 38점, 오향, 칠약, 오곡, 유리, 구슬, 칠보 등 5종이다.

이 복장유물은 목조아미타불 조성의 절대년도를 알려 줄 뿐 아니라 개별적인 가치에 있어서도 서지학과 직물연구에 귀중한 자료이다. 복장기는 조선 세조 4년(1458)에 목조아미타불 삼존상(三尊像)을 조성한 기록이다. 이 기록은 성철(性哲), 성수(性修)의 화주(化主)로 태종의 후궁(後宮)인 의빈(懿嬪) 권씨(權氏), 명빈(明嬪) 김씨(金氏)와 효령대군(孝寧大君) 등 왕실과 종친(宗親) 275인(人)의 시주로 이루어졌음을 밝히고 있다.

또 흑석사에는 보물 제681호로 지정된 석조여래좌상이 광배처럼 자리하고 있는 마애삼존불과 함께 삼면이 개방된 보호각 내에 봉안되어 있다.

21 훈민정음의 혼이 서린 사찰
희방사와 희방폭포

　풍기읍 수철리에 위치한 희방사는 소백산 제1연화봉과 제2연화봉에서 발원한 희방계곡에 선덕여왕 12년(643) 두운도사가 창건한 사찰이다.
　호랑이에 물려가 죽은 줄만 알았던 딸을 구해준 두운도사의 은혜에 보답하기 위해 스님이 공부하던 소백산에 절을 지어 그 절의 이름을 기쁠 '희(喜)'자와 방 '방(房)'자를 써서 희방사라 이름을 지었다는 설화가 전해오고 있다.
　희방사에는 세종대왕이 훈민정음을 창제하고 가장 먼저 만든 작품인 월인천강지곡의 목판본과 훈민정음서문의 원판이 보존되어 있었으나, 훈민정음서문의 원판과 월인석보의 목판본은 6·25 전쟁으로 법당과 함께 소실되고, 1953년에 중건하였다. 소실되어 지금은 없지만 귀중한 목판본을 보존하였던 것만 보아도 얼마나 심산유곡이었는지를 알 수 있다.

희방계곡에는 희방사 생태경로 곳곳에 생태퀴즈 해설판을 설치해 우리가 잘 몰랐던 식물이나 동물에 대하여 자세하게 알 수 있도록 하였다.

희방폭포

희방폭포는 소백산 중턱 해발 700m지점에 있는 폭포로 소백산 절경 중 한 곳이며 높이 28m로 영남지방 제1폭포로 꼽힌다. 연화봉에서 발원하여 희방계곡을 이루며 흘러내리는 물줄기가 요란한 굉음과 물보라를 일으키며 수직 암벽을 타고 떨어지는 모습이 장관이다.

조선전기의 학자 서거정(徐居正, 1420~1488)은 희방폭포를 '천혜몽유처(天惠夢遊處)', 즉 '하늘이 내린 꿈에서 노니는 듯한 풍경'이라고 극찬했다고 한다.

1 희방폭포에서 희방사로 가는 길
2 희방계곡
3 희방폭포

영주시 그 외의 여행지

배순정려비와 삼괴정

순흥면 배점리에 있는 배순정려비는 조선 중기 이 지방에서 대장간을 하던 충신 배순의 정려비로 경북유형문화재 제279호이다.

배순은 천성이 유순하고 효성이 지극하였고, 소수서원에서 귀동냥으로 공부하는 모습이 퇴계 이황의 눈에 띄어 제자가 되었으며, 광해군 7년(1615)에 정려되었고, 배순이 죽자 1649년 군민들이 정려각을 세우고, 이 마을을 배점이라 부르게 되었다고 한다. 삼괴정(三槐亭)은 퇴계 이황이 손수 심었다는 수령 약 600년 된 느티나무 3그루(보호수)가 위풍당당하게 배순정려비를 둘러싸고 있는데, 이름으로 보아서는 정자가 있을 법한데, 정자는 없고 3그루의 느티나무만 있다.

1 삼괴정의 느티나무
2 배순정려비

소백산 풍기온천

풍기읍 창락리에 있는 소백산 풍기온천은 지하 800m의 심층에서 분출하는 100% 천연원수이며 유황, 불소, 중탄산염 등이 많이 함유된 알칼리성 유황온천수로 만성관절염, 신경통, 금속중독, 동맥경화증, 당뇨병, 만성기관지염에 효과가 있고, 특히 온천수가 산성화된 피부를 중화시켜주므로 피부미용에 탁월한 효과가 있다고 한다.

세계 제일의 약효를 자랑하는 풍기인삼, 천궁, 계피와 당귀로 만들어진 한방사우나가 있으므로 영주시 일원의 관광을 마치고 들르면 피로와 스트레스를 해소할 수 있다.

성혈사의 만지송

성혈사

순흥면 덕현리에 있는 성혈사는 신라의 고찰임이 분명하지만 창건연대는 정확하게 알 수 없으나, 나한전에 모셔진 석조비로자나불이 통일신라시대의 것으로 추정된다고 한다.

부처님의 제자 16나한을 모시는 나한전은 명종 8년(1553)에 처음 지었고 인조 12년(1634)에 중수하였는데, 정면 3칸에 설치된 창호의 문살에 연못, 물고기, 동자 상, 용, 학, 기러기, 물총새 등을 조각한 특이한 꽃문살이 매우 아름답고, 건축연대가 확실한 조선중기의 건축물로 건축사적으로 중요한 자료로 인정받아 보물 제832호로 지정되었다.

옥녀봉자연휴양림

봉현면 두산리에 있는 옥녀봉자연휴양림은 아름다운 소백산 기슭의 울창한 숲속에 아늑하게 자리 잡고 있다. 삼림욕을 즐길 수 있고 작은 오솔길이 있어 자연을 벗 삼으며 산책도 할 수 있으며, 숙박할 수 있는 방갈로, 야영장, 취사장, 숲속교실 등을 갖추고 있다.

옥녀봉자연휴양림은 소백산의 수려한 풍광을 한눈에 볼 수 있어서 경치도 아름답고 푸른 산, 맑은 물 등으로 가족 휴양지로 최적이며 인근에 부석사, 소수서원, 희방폭포 등 명승지도 많으므로 숙소로 추천할 만하다. (옥녀봉자연휴양림 관리사무소 전화 : 054-636-5928)

영풍단촌리느티나무

안정면 단촌리에 있는 영풍단촌리느티나무는 높이 16.4cm, 둘레 10.3m이고, 주민들의 구전이므로 신빙성은 없으나 수령이 700년 정도 된 것으로 전해진다. 매년 추석 온 마을 사람들이 나무 아래에 모여 동제를 지내며 마을의 수호신으로 섬기는데, 마을의 안녕과 한 해의 풍년을 기원하는 신성한 나무로 학술적·문화적 자료로서 가치를 인정받아 천연기념물 제273호로 지정되었다. 이 느티나무는 논으로 둘러싸인 평지에 자라고 있는데, 상당이 습한 토양조건에서 잘 견디고 있으며, 상처가 전혀 없고 수관의 발달이 왕성하고 둥글고 거대한 몸집은 우리나라에서 가장 굵고 위풍당당한 위엄을 갖고 있는 느티나무 중의 하나라고 할 수 있다.

영풍장도장

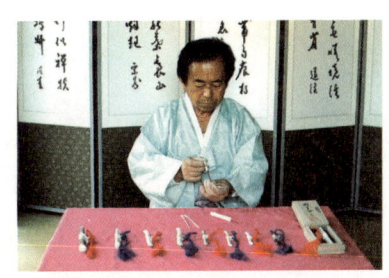

이면규 장도장과 여러 가지 장도

장도장은 옛날에 상류사회에서 애용해온 실용을 겸비한 장신구의 일종으로 남자는 호신용으로 허리에 차고, 여자는 정절을 지키기 위해 옷고름에 차던 칼이다.

서구문명의 유입으로 우리나라에서 환도(還刀) 제작의 전통은 완전히 끊어진 반면에 장도(粧刀) 제작의 전통은 다행스럽게도 각 지방에서 장인의 손에 의하여 지금까지 면면히 이어져 내려오고 있다. 그러나 시대가 변함에 따라서 장도를 찾는 사람은 점차 줄어만 가고, 그저 장식물이나 외국인에 대한 선물용으로 소량이 제작되고 있다.

풍기읍 동부리에 살고 있는 김일갑 옹이 경북무형문화재 제15호 영풍장도장으로 지정되었으나, 김장도장이 작고하여 현재는 이면규가 지정되었다.

영풍태장리느티나무

순흥면 태장리에 있는 영풍태장리느티나무는 높이 18m, 둘레 8.7m이고, 수령이 600년 정도 된 것으로 추정된다. 매년 음력 정월 대보름이면 온 마을 사람들이 이 나무 앞에 모여서 새해의 행운을 비는 동제를 지내며 마을을 지키는 수호신으로 학문적·문화적 자료로서 가치를 인정받아 천연기념물 제274호로 지정되었다.

이 느티나무는 도로와 개천가에서 자라고 있는데, 상처 부위를 외과수술하고 썩은 부분을 깨끗이 제거하고 살충·방부처리 하였으며, 주변에 철책을 설치하여 보호하고 있다.

영주시의 축제 및 문화행사

축제 및 문화행사	일시	장소(연락처)	특징
영주시 선비문화축제	5월중순	영주 선비촌, 서천둔치 (054-639-6064)	전통예술 공연, 민속놀이 체험
소백산 철쭉제	5월하순	소백산 일월 (054-639-6064)	소백산산신제
영주풍기인삼축제	10월초순	풍기인삼시장, 남원천 둔치 (054-639-6064)	풍기인삼 캐기, 인삼 깎기, 인삼아가씨 선발 등
무섬외나무다리축제	10월 중순	무섬마을 (054-639-6064)	사또행차, 전통혼례식 등
부석사 화엄축제	10월	부석사 (054-633-3464)	불교문화
소백문화제	10월 초순	영주시내 일원 (054-639-6064)	문화행사 체험
소백예술제	5~6월	영주시민회관 (054-638-6064)	공연, 전시
순흥 초군정놀이	정월대보름	순흥선비촌 (054-638-6444)	초군정 재핀놀이, 상하리 줄다리기 등
국화전시회	11월 초순	서천둔치 주차장 (054-639-6485)	국화전시, 국화차 시음 등

영주시의 재래시장

재래시장(위치)	장날	특산물과 특징
영주장(휴천동)	5일, 10일	영주문어, 소백산오정주, 하수오 등
풍기장(풍기읍)	3일, 8일	풍기인삼, 풍기인견, 사과 등
소천장(부석면)	1일, 6일	사과, 산나물, 잡곡류 등
단산장(단산면)	4일, 9일	단산포도, 산나물, 잡곡류 등
순흥장(순흥면)	2일, 7일	산나물, 사과, 복숭아 등

영주시의 체험관광, 고택체험과 숙박시설

〈농촌체험〉

이름	주소	전화
소백산 단산포도 정보화마을 체험	단산면 옥대리	054-635-1138
청다리마을	순흥면 청구리 428-2	054-633-7073
솔향기마을	봉현면 대촌리 773-1	054-636-1331
피끝마을	안정면 동촌리 355-1	054-633-1232
장생이마을	풍기읍 금계리 86	054-633-3431
금대마을	한산면 옥대리 32-1	054-637-2752
한밤실마을	부석면 임곡2리	054-637-8300

〈고택체험〉

이름	주소	전화
선비촌 숙박	순흥 선비촌	054-638-6444
괴헌고택	이산면 두월리 877	054-636-1755
우엄고택	이산면 지동리 469	054-637-1537
고택체험 반학헌고택	이산면 신안리 111	054-637-0038

〈숙박시설〉

이름	주소	전화
하안집농원	순흥면 배점리	054-632-7643
죽평옛길팬션	풍기읍 수철리 249-2	010-4522-7732
리치호텔	휴천동 328-22	054-638-7070
영진호텔	영주2동	054-632-1010
코리아나호텔	부석면 소천리 387-15	054-633-4445
풍기관광호텔	풍기읍 성내리 51-15	054-673-8800
옥녀봉자연휴양림	봉현면 두산리 산3	054-639-7490

영주시의 맛집

상호	메뉴	주소	전화
갈비촌식당	돼지갈비	휴천2동 206-7	054-631-1702
만당해장국	해장국	휴천2동 320-5	054-632-8200
부석사무량수식당	산채비빔밥	부석면 북지리 304-1	054-634-6770
서부냉면	냉면, 한우갈비	풍기읍 서부리 133-5	054-636-2457
서부불고기	냉면, 불고기	풍기읍 서부리	
약선당	약선정식	본천면 오현리 240-9	054-638-2728
영주청정한우식당	갈비, 등심	문정동 646-1	054-635-4600
영주축협 한우프라자	갈비, 인삼불고기	풍기읍 산법리 140	054-631-8400
장뚜가리식당	마늘밥	휴천2동 487-14	054-633-8721
풍기삼계탕	삼계탕	하망동 321-48	054-631-4900
풍기인삼갈비	인삼갈비탕	풍기읍 동부리 237-2	054-635-2382
황소절음식당	한우(식육)	조암동 1171-4	054-635-8292
태산장수촌상황오리식당	오리탕	상망동 684-1	054-638-5292
역전소백한우숯불식당	한우, 청국장	풍기읍 서부2리(역 앞)	054-636-3038
신대성참숯불구이	갈비, 생오리	풍기읍 수철리 230-1	054-638-5399
민물명가	민물매운탕	풍기읍 성내리 19-8	054-632-7023
정도너츠	생강도너츠	풍기읍 산법리 341-2	054-636-0043
순흥기지떡	기지떡, 인절미	순흥면 읍내리 317-11	054-631-2929
순흥전통묵집	태평초, 묵정식	순흥면 읍내리 248	054-634-4604

1 순흥기지떡 2 민물명가의 민물매운탕

5장

물 맑고 인정이 많은
충효의 고장

예천군 여행

단술 '예(禮)' 자와 샘 '천(泉)' 자로 물맛이 좋아 '단 샘'이라는 뜻으로 지어진 예천(醴泉)군은 소백준령의 높은 줄기가 감싸고 낙동강과 내성천이 흐르는 배산임수(背山臨水)의 명당으로 은근과 끈기가 스며 있고, 물 맑고 인정이 많은 '충효의 고장'이다.

예천군은 선사시대부터의 문화유산이 내성천에 펼쳐진 넓은 백사장, 감입곡류로 형성된 자연과 잘 어우러져 있는 아름다운 고장으로 경상북도의 도청이 이전될 예정이며, 예천참기름, 예천준시, 금당 꿀, 잡곡 등의 특산물이 유명하다. (예천군 문화관광과 전화:054-650-6904)

01 고택의 돌담길을 걷는 선비의 여유
금당실마을

　태조 이성계가 도읍지로 정하려 하였던 곳으로 『정감록』에서 남사고가 주장한 10승지 중 하나이다.

　금당실마을은 약 600년 전 감천문씨가 처음으로 터를 잡았고, 사위인 함양박씨 박종원의 후손이 대대로 마을을 일궜다.

　금당실마을은 청동기시대의 고인돌 무덤, 함양박씨 3인을 모신 금곡서원, 함양박씨 입향조 박종린(朴從麟, 1496~1552)을 모신 추원재 및 사당(민속자료 제82호), 김빈(金賓)을 모신 반송재고택(문화재자료 제262호), 원주변씨 입향조 사괴당(四槐堂) 변응령(邊應寧)을 모신 사괴당고택(문화재자료 제337호), 구한말 세도가 양주대감 이유인(李裕寅)의 99칸 대저택의 터 등 원형대로 보존된 고택이 많은 전통마을이다.

돌담길

　금당실마을은 2006년 '생활문화체험마을'로 선정되어 고택의 보강공사가 이루어지면서 일부 훼손되었지만 고택들의 옛 모습이 복원되었다. '지게나뭇길'이라 불리는 낮은 돌담이 안내하는 구불구불한 길을 따라 걷다 보면 고향의 포근한 인심을 느낄 수 있는 고즈넉한 마을이다.

　금곡서원은 진로문(정문), 상교당, 독역재, 격치재, 동무, 전사청의 건물과 치암(恥庵) 박충좌(朴忠佐, 1287~1349), 박눌(朴訥), 박경손(朴慶孫) 선생을 배향하고 있다.

　미산고택은 금당실마을의 이웃에 있는 맛질마을 금당골에 살던 함양박씨 독처재(獨處齋) 박세주(朴世柱, 1612~1727)가 대저(큰 맛질) 마을로 분가하면서 짓고, 5세손 박득녕(朴得寧, 1808~1886)이 이곳으로 원형대로 옮겨지었다고 한다.

　미산고택에는 구한말의 격변하는 시대 상황을 연차적으로 수록한 『나암수

1 사괴당고택 현판
2 금당실 송림(천연기념물)
3 금곡서원 전경

록』, 대하일기인 『저상일월』, 세계전도인 「만국전도」, 박득령부터 5대에 걸쳐 140년간 기록한 가계부인 『저상일용』 등 함양박씨 문중전적 7종 46점(보물 제1,008호)을 보관하고 있었으나, 지금은 종손인 박재문이 용인으로 옮겨서 보관하고 있다고 한다.

금당실송림

금당실송림(천연기념물 제469호)도 빼놓을 수 없는 볼거리이다. 오미봉에 올라 북쪽의 매봉, 서쪽의 국사봉, 동쪽의 옥녀봉, 남쪽의 백마산으로 둘러싸인 한옥마을의 그림 같은 전경을 바라보면 하늘대는 초록빛 들판 위로 마치 고택이 둥둥 떠 있는 것 같은 모습에 감탄이 절로 나온다.

동본리삼층석탑(예천군 제공)   석조여래입상(예천군 제공)

02 무명의 절 터
동본리삼층석탑과 석조여래입상

예천읍 동본리에 있는 동본리삼층석탑(보물 제426호)은 9세기 통일신라시대의 석탑으로 규모는 크지 않으나, 짜임새를 갖춘 아름다운 탑으로 상층의 기단에 1구씩의 사천왕상을 조각한 특징이 있다.

석탑 뒤쪽에 있는 석조여래입상(보물 제427호)은 통일신라 후기의 불상으로 하나의 돌에 새겨진 높이 3.46m의 거대한 석조불상이며, 통일신라의 불상양식을 계승하면서 고려시대로 넘어가는 과도기적인 불상이라는 특징이 있다.

이곳은 동본리삼층석탑과 석조여래입상이 남아 있는 것으로 보아 절 터였음이 분명하지만, 절 이름은 알 수 없다고 한다.

03 천연림이 무성한 계곡
명봉계곡

　상리면 명봉리에 있는 명봉계곡은 사람의 손길을 타지 않은 연륜을 헤아릴 수 없는 아름드리 천연림이 세월의 풍상을 가지마다 간직한 채 하늘을 찌를 듯이 울창하게 늘어서 있고, 계곡물은 바닥이 다 들여다보일 정도로 맑고 시원스러워 고즈넉하기 그지없는 자연 그대로의 산수가 절경을 이루는 심산유곡으로 한여름에도 계곡물에 발을 담그면 추위를 느낄 정도다.

　명봉계곡이 자리잡은 소백산 자락의 품에 안긴 명봉사는 두운대사가 신라 헌강왕 원년(875)에 창건했으나, 6·25 사변 때 소실되어 자그마하게 새로 지었지만, 고려 태조 24년(941)에 세운 이두문 연구에 귀중한 자료인 '경천선원자적선사능운탑비'(경북유형문화재 제3호)와 '문종대왕태실비'(경북유형문화재 제197호) 등 문화재가 많이 남아 있다.

1 명봉사 2 전나무(보호수)

산책로

04 우리나라에 남아 있는 유일한 마지막 주막
삼강주막과 회화나무

　풍양면 삼강리에 세 물줄기가 모이는 곳에 우리나라에 남아 있는 마지막 주막인 삼강주막이 있다.
　삼강리란 지명은 세 개의 강줄기가 하나로 합쳐진 데서 붙여진 이름으로 강원도 황지 연못에서 발원한 낙동강이 안동댐을 거쳐 삼강나루에 도착하고, 봉화에서 발원한 내성천이 회룡포를 휘감아 삼강나루로 모이며 문경에서 발원한 금천이 합쳐 흐르는 곳이라 삼강이라 불리며 맑은 물과 넓은 백사장이 어우러져 주변경관이 매우 아름답다.
　삼강주막은 서울로 가는 길목으로 장사하던 배들이 낙동강을 오르내렸고, 문경새재를 넘기 위해서는 삼강나루터를 반드시 거쳐야 했으므로 보부상, 관원, 과거를 보러가는 선비 등 사람들의 왕래가 많았으므로 주막 등이 번성하였다. 옛날 모습을 간직한 주막이 지금도 그대로 남아 있으며, 그 옆에는 500년이 넘은 회화나무 한 그루가 세월의 무상함을 느끼게 한다.

삼강주막은 김해에서 소금을 싣고 낙동강을 따라 이곳 삼강나루까지 소금배가 올라와 물건을 내려놓고 다시 안동 하회마을까지 가는 길목이었고, 보부상과 한양으로 가는 나그네가 모여 막걸리와 함께 세상 돌아가는 이야기가 늘 끊어지지 않던 곳이다.

조선시대 경상도에서 한양으로 갈 수 있는 길로는 추풍령, 죽령, 문경새재가 있었는데 과거를 보러 갈 때 추풍령을 넘어가면 추풍낙엽, 죽령을 넘어가면 죽을 쑤고, 이곳 삼강나루를 통해 문경새재(조령)를 넘어가야 장원 급제하여 금의환향한다는 전설이 있다.

영남에서 한양으로 가기 위해서는 이곳 삼강주막을 거쳐 문경새재로 넘어가는 길이 가장 빠른 길이었기에 주막문화가 쇠퇴되었지만 마지막까지 남아있을 수 있었던 한 계기가 되었던 것으로 보인다.

1 삼강주막 전경
2 주모한상
3 외상장부

회화나무

우리 선조들이 선택한 최고의 길상목인 회화나무는 일명 '학자수(學者樹)'라고도 하며, 영어로도 같은 의미로 'scholar tree'라고 쓴다. 회화나무의 꽃을

회화나무와 옛 주막

중국에서는 괴화(槐花)라고 하는데 괴의 중국 발음이 '화'이므로 회화나무 혹은 회나무가 되었다고 한다.

나무의 가지 뻗은 모양이 멋대로 자라 학자의 기개를 상징한다는 의미의 해석도 있는데, 실제로 옛날 양반이 이사를 갈 때는 쉬나무와 회화나무의 종자는 반드시 챙겨갔다고 한다. 그 이유는 쉬나무를 심어 종자를 따서 등잔불을 밝히는 기름을 짜고, 회화나무는 고고한 학자임을 사방에 알리기 위한 좋은 수단이었기 때문이다.

유서 깊은 서원이나 이름난 양반이 살았던 곳에 가면 아름드리 회화나무 몇 그루는 어렵지 않게 볼 수 있는데, 양반집 선비들을 위한 학자나무 또는 출세의 나무로도 알려져 있지만 정자나무로도 심겨져 있다. 한자로는 '괴'라 하여 느티나무와 같은 자를 사용하므로 옛 문헌을 읽을 때 종종 혼란을 야기하기도 하는데, 괴목이라고 하면 회화나무로도 해석할 수 있고 느티나무로도 해석할 수가 있기 때문이다.

회화나무는 열매가 상당히 많이 열리는데, 예전에 선비를 가르치던 서원이나 향교에 가보면 회화나무를 쉽게 볼 수 있으며, 열매가 많이 열리는 만큼 서원이나 향교에서 이름난 선비가 많이 배출될 것을 기대하면서 심어 놓았다고 한다.

05 장학금을 주는 부자나무
석송령

　감천면 천향리 석평마을에 있는 석송령(石松靈)은 예천에서 풍기 방향으로 10km의 거리에 위치해 있으며 천연기념물 제294호로 지정되어 있다. 이 나무는 부귀(富貴), 장수(長壽), 상록(常綠)을 상징하는 반송(盤松)으로, 크기는 수고 10m, 가슴 높이의 줄기 둘레 4.2m, 수폭 동서 32m, 남북 22m이며, 그늘 면적은 1,000㎡에 이르는 큰 소나무로서 수령이 600여 년으로 추정된다. 지금도 마을 단합과 안녕을 기원하는 동신목으로 보호받으며 매년 정월 대보름에 동신제를 올리고 있다.

　석송령의 유래는 지금으로부터 600여 년 전 풍기지방에 큰 홍수가 났을 때 석관천을 따라 떠내려 오던 소나무를 주민들이 건져 지금의 자리에 심었다고 전해진다. 1927년 8월경에는 당시 이 마을에 살던 이수목이란 사람이 영험 있는 나무라는 뜻으로 석송령이라는 이름을 짓고 자기소유의 토지 5,259㎡를 상속 등기해 주어 이때부터 이 나무는 수목으로서 토지를 가진 부자나무가 되었다고 한다. 재산을 가지고 세금을 내고 있을 뿐만 아니라, 1985년에는 새마을사업을 잘한다고 하여 대통령이 준 500만 원으로 이 나무의 이름을 따서 장학회를 조직하여 고향의 우수한 학생을 선발하여 장학금도 주고 있다. 학질에 걸리면 소나무에 가서 절을 정중히 하고 기도를 드리면 병이 낫는다고 전해지고, 이 소나무는 술을 무척 좋아하는데, 정월 대보름이나 각종 마을 행사 등으로 1년에 10말 이상의 막걸리를 마신다고 한다.

석송령보존회(회장:김성호)가 설립되어 있고, 석송령에서 바라다보이는 가까운 곳에 있는 예천온천은 중탄산-나트륨(HCO3-Na) 성분을 가진 알칼리성(pH 9.70~10.25) 단순천으로 수질이 매우 부드러워 피로회복은 물론이고 여성들의 피부미용과 노화방지에 아주 좋다고 소문이 나 있다.

선몽대

06 | 450여 년의 역사를 간직한 유서 깊은 명승지
선몽대

호명면 백송리에 펼쳐진 선몽대 일원은 『예천읍지』에 수록된 약 450여 년의 역사를 간직한 유서 깊은 곳으로 선몽대와 선몽대 숲, 그 앞을 동서로 흐르는 내성천에 넓게 펼쳐진 백사장과 뒷산의 기암절벽이 함께 어우러져 한 폭의 산수화를 보는 듯한 전통적 산수미를 잘 보여주므로 명승 제19호로 지정되었다.

선몽대는 퇴계 이황의 종손인 우암(遇巖) 이열도(1538~1591)가 1563년 창건한 정자로, '선몽대(仙夢臺)'의 현판은 퇴계의 친필로 알려져 있다. 정자 내에는 당대의 석학인 퇴계 이황, 약포 정탁, 서애 유성룡, 학봉 김성일, 청음 김상헌, 한음 이덕형 등의 친필시가 현액되어 지금까지 전해져 오고 있으며 선인들의 유교적 전통공간으로서 역사적 의미가 큰 곳이다.

선몽대 일원은 기러기가 내성천에서 풍부한 먹이를 먹고, 백사장에서 한가

1, 2 선몽대 앞 내성천 모래밭
3 솔밭(보호림)

로이 쉬는 형국이라고 하여 풍수지리상 '평사낙안형(平沙落雁形)'이라 하는데, 선몽대 숲은 선몽대와 뒤편의 백송리 마을을 보호하기 위하여 조성된 전통적인 마을 숲으로, 수백 년 된 소나무, 은행나무, 버드나무, 향나무 등이 수해방비림, 방풍림, 수구막이 숲 및 비보림의 역할을 해 오고 있다. 노송 20여 그루는 별도로 보호림으로 지정되어 있다.

선몽대는 솔바람이 맑고, 시냇물도 맑고, 내 마음도 함께 맑아져, 풍청(風淸), 수청(水淸), 심청(心淸)의 삼청을 느낄 수 있는 명승이다.

선대동천(仙臺洞天)은 선몽대가 산천에 둘러싸여 훌륭한 경치를 이루고 있다는 뜻이라고 한다.

07 윤장대로 유명한 천년고찰
용문사

　용문면 내지리에 있는 소백산 용문사는 신라 경문왕 10년(870)에 두운대사가 창건한 천년고찰로 국내 최고를 자랑하는 많은 보물을 가지고 있다.

　맞배기와 지붕의 균형미를 잘 보여주는 대장전(보물 제145호)은 고려 명종 3년(1173)에 초건한 최고로 오래된 목조건물이며, 회전식 불경보관대인 국내 유일의 윤장대(보물 제684호), 불국사의 일주문보다 규모가 더 웅장한 사천왕상 일주문 등이 있다.

　이외에도 세조의 친필수결의 용문사감역교지(보물 제 729호)와 팔상도라고도 하는 팔상탱(보물 제1,330호) 등 다수의 문화재를 간직한 문화유산의 보고이다.

　전설에 의하면 고려 태조가 삼한 통합의 큰 뜻을 품고 두운대사를 방문하고

1 윤장대 **2** 자운루와 해운루

자 동구에 이르니 갑자기 바위 위에서 쌍용이 나타나더니 절로 가는 길을 인도하였다 하여 태조는 산 이름을 용문산, 절 이름을 용문사라 명명했다고 한다.

성보 유물관에는 101종 193점의 불교유물(서지류, 불화류, 불상 및 공예 등)을 전시하고 있으며, 국내 유일의 회전식 불경보관대인 윤장대의 모형을 제작 설치하여 이곳을 찾는 관광객들에게 직접 체험할 수 있도록 하였다.

예천 용문사감역교지는 세조 3년(1457)에 세조가 수결하여 내린 용문사의 면역을 인정하는 사패교지(賜牌敎旨)로 '일찍이 감사와 수령에게 지시한 대로 용문사는 다시 심사하여 더욱 보호하고, 감역을 덜어 주라'는 내용이다. 조선시대에는 억불숭유정책으로 전국의 사찰에 무거운 세공과 잡역을 부과했으나, 이 용문사에만 감역을 면제하도록 한 것으로 세조의 숭불정책을 반영한 것으로 사찰보호의 사례를 보이는 중요한 자료이다.

자운루(경북문화재자료 제169호)와 해운루는 경사가 심한 지형에 자리 잡은 사찰에서 건축물을 통해 이를 극복하려 한 건물이라고 한다.

08 신비로운 곤충세계와의 만남
예천군산업곤충연구소

상리면 고항리에 위치한 예천군 산업곤충연구소는 1998년 예천군 농촌지도소(농업기술센터)가 '건강한 고장 만들기' 사업의 일환으로 설립하였다.

이 연구소에는 화분매개곤충 사육장, 곤충생태원, 곤충생태체험관, 야외곤충생태공원을 조성하였다.

화분매개 곤충 사육장에서는 화분매개곤충의 대량 생산, 장수풍뎅이, 왕사슴벌레, 넓적사슴벌레, 흰점박이꽃무지, 꼬리명주나비 등 정서곤충의 사육, 꿀벌우량품종 육종사업 등을 하고 있다.

곤충생태원에서는 곤충자료실을 관람할 수 있고, 곤충의 성장과정, 곤충의 종류 등의 동영상을 볼 수 있다.

곤충생태체험관에는 곤충역사관, 곤충생태관, 곤충자원관 등에서 각종 전시물을 관람하고, 체험학습교실에서 다양한 체험학습을 할 수 있다.

야외곤충생태공원에는 곤충정원, 곤충체험온실, 곤충관찰로 등에서 숲속곤충과 수서곤충을 관찰할 수 있다.

매년 7월 하순~8월 중순에 예천곤충바이오엑스포가 개최되므로 신비로운 곤충의 세계를 관람하고, 체험할 수 있다. (문의전화:054-650-6030)

09 유지앵소형국의 명당
예천권씨영사당종택

예천군 제공

용문면 하금곡리에 있는 예천권씨영사당종택은 임진왜란 때 의병장으로 활약한 권우(權祐, 1520~1593)가 1580년에 건립하고, 1780년에 중건한 건물로 경북 문화재자료 제454호로 지정되었다.

하금곡리는 '여각마', '용머리', '버들밭', '개금재' 등의 자연촌락으로 이루어져 있는데, 자연촌락 이름의 어원이 재미있어 소개하면 개암나무가 많다고 '개금재' 또는 '인산', 여각이 마을 앞에 있다고 '여각마' 또는 '비각', 두 마리 용이 서로 머리를 맞대고 있는 지형이라고 '용머리' 또는 '용두', '용대가리', 마을 앞에 버드나무가 우거져서 버드나무 가지에 꾀꼬리가 둥지를 튼 '유지앵소형국(柳枝鶯巢形局)'이라고 '버들밭' 또는 '유전' 등이 있다.

예천권씨 초간종택별당

10 명당 중의 명당
예천권씨 초간종택별당

용문면 죽림리에 있는 예천권씨 초간종택별당은 조선전기의 별당 건물로 15세기 말 선조 때 대제학을 지낸 초간(草澗) 권문해(權文海, 1534~1591)의 조부인 권오상이 지었다고 전해지며 정면 4칸, 측면 2칸의 단칸 팔작지붕 건물로 보물 제457호로 지정되었다.

죽림동마을은 동쪽으로 뒷산이 반달모양으로 싸안고, 좌청룡 백마산과 우백호 아미산이 둘러서 풍수지리상 명당자리로 유명하다.

예천권씨종가의 입구에 있는 향나무는 수령 300년 이상 된 것으로 추정되는 노목으로 '울향나무'라 부르는데, 전하는 말에 의하면 무오사화에 연루되어 울릉도로 유배되었던 권오상이 울릉도에서 가져와 연못가에 심은 데서 유래되었다고 한다. 지금의 향나무는 훨씬 뒤에 심은 것으로 보이며 경북기념물 제110호로 지정되었다.

1 울향나무(경북기념물 제110호)
2 대소재
3 대소재 앞의 보물 안내판
4 대동운부군옥 목판본을 저장한 백승각
5 대동운부군옥 목판본 서가

11 농요의 수호자
예천통명농요 전수관

예천통명농요(예천군 제공)

금당실마을에서 예천 쪽으로 가다 보면 928번 지방도로 옆에 예천 통명농요 전수관이 있다. 예천통명농요는 예천읍 통명리에 전승되어 오는 농요로 1985년 '고성농요'와 함께 중요무형문화재 제84-2호로 지정되었다.

통명농요는 모내기할 때 예천지방 방언으로 부르는 '아부레이 수나', 모내기를 끝내고 논에서 나오면서 부르는 '도움소 소리', 논을 맬 때 부르는 '애벌매기 소리'와 '상사듸여', 논을 다 매고 나오면서 부르는 '방애 소리', '애이용 소리', 논매기를 마치고 집으로 들어오면서 부르는 '캥마쿵쿵', 타작할 때 부르는 '봉헤이'와 부녀들이 부르는 '삼삼기 노래', '베틀노래', '도헤따기' 등이 전승되고 있다.

통명농요는 1979년 제20회 전국민속예술경연대회에서 대통령상을 수상하면서 널리 알려졌고, 통명리 토박이인 이대봉(李大鳳)과 이상휴(李相休)가 그 기능보유자로 인정받고, 농사일이 기계화되면서 사라져가는 농요를 보존하기 위해 예천통명농요 전수관을 건립하였다.

12 약포 정탁의 유물각
정충사

1 정충사 전경 2 헌성비

예천읍 고평리에 있는 정충사는 선조 때 명재상 약포(藥圃) 정탁(鄭琢,1526~1605)의 유물을 보전하기 위해 1980년 신축한 유물각으로 왕명으로 제작한 약포영정(보물 제487호)과 임진왜란을 중심으로 기록한 일기, 교지 등 임진왜란 연구에 귀중한 자료 12점이 약포 유고 및 문서(보물 제764호)로 지정되어 있다.

약포영정은 국학진흥원에 위탁하여 보관중이고, 이곳에는 모사품이 전시되어 있다.

정충사에서 바라다보이는 내성천 건너편에는 약포 정탁과 그의 아들 정풍자 정운묵을 모셔 놓은 사당이 있으며, 울창한 수림과 넓고 맑은 백사장이 있어 경치가 매우 아름답다.

13 규모는 작아도 보물을 많이 간직한 사찰
청룡사

용문면 선리에 있는 청룡사는 의상대사가 창건하였다고 전해지지만 어느 때인가 홍수로 절이 완전히 매몰되었다.

청룡사는 규모는 작지만 법당과 요사를 1935년에 새로 짓고, 노천에 버려져 있던 통일신라시대의 불상인 석조여래좌상(보물 제424호)과 고려시대 초기의 불상인 석조비로자나불좌상(보물 제425호)을 법당 안으로 봉안하였다고 한다.

1 청룡사 전경 2 석조여래좌상과 석조비로자나불좌상

초간정

14 『대동운부군옥』의 산실
초간정과 초간정원림

　용문면 죽림리의 초간정은 예천의 명문가인 예천권씨 집안의 별채이다. 이 초간정(경북문화재자료 제143호)에서 약 3km 정도 떨어진 곳에 예천권씨 종택과 별당이 따로 있다.

　초간정은 언뜻 이름만 듣고 정자로 생각하기도 쉽지만 작은 계곡가에 위치한 독립된 가옥이다. 특이한 것은 집의 뒤편, 즉 계곡이 흐르는 곳에 초간정이라는 정자가 붙어 있다는 점이다. 정확히 초간정은 예천권씨의 별채 안에 포함된 정자의 이름이고, 주위에 있는 초간정원림(草澗亭園林)과 함께 명승 제 51호로 지정되었다.

　정자는 용문면 원류마을 앞을 굽이쳐 흐르는 계류 옆 암반 위에 막돌로 기단을 쌓고 정면 3칸, 측면 2칸의 평면에 사각기둥을 세워 기와를 얹은 팔작지붕

집이다. 내부에는 왼쪽 2칸에 온돌방을 만들어 사방으로 문을 달고 그 외의 부분에는 대청마루를 깔았으며, 집 주위 사방에 계자난간을 둘러 누(樓)와 같은 모양으로 꾸몄다.

이 초간정은 우리나라 최초의 백과사전인 『대동운부군옥(大東韻府群玉)』을 저술한 조선 중기의 학자 초간(草澗) 권문해(權文海)가 선조 15년(1582)에 지은 정자이다. 초간정 주변은 아주 평범한 시골의 풍경으로 멀리서 보면 소나무 숲만 보여 별로 특이할 것이 없어 보이지만, 초간정 앞으로 가보면 밋밋하게 흐르던 냇가가 갑자기 큰 바위들을 만나 이룬 작은 절경이 있음을 볼 수 있다. 평범한 시골의 냇가가 어떻게 이 초간정 앞에서만 큰 바위를 만나 그렇게 굽이치고 있는지 신기하기만 하다.

『대동운부군옥』 목판 및 고본

『대동운부군옥』은 중국 송나라 음시부의 『운부군옥』의 체제를 본따서 우리나라의 역사, 지리, 문학, 철학, 예술, 풍속, 인물 등의 분야에서 명종 때까지의 모든 사항을 운(韻)별로 분류하여 20권 20책으로 정리한 백과사전이다.

이 책판은 순조~헌종 때 이루어지기는 하였으나, 임진왜란 이전 우리나라에 관한 일들을 방대하게 수집한 백과사전으로서 개인이 엮은 저서로는 양적 또는 질적인 면으로 가장 우수한 대작이며, 임진왜란 이후 소실된 서적의 일면을 참고할 수 있어 서적학적인 면에서도 중요한 가치를 지니며, 그 보존상태도 매우 양호하다.

고본은 비록 빠진 부분이 있어 완전하지는 못하나, 『대동운부군옥』을 편찬하는 데 바탕이 되는 자료인 점과 4백여 년 전해진 고본이란 점에서 매우 귀한 자료로 평가되어 대동군부운옥 목판 667판과 고본 3종 27책이 보물 제878호로 지정되었다.

초간정원림

　명승 제51호로 지정된 초간정원림은 용문면 원류마을 앞 계류가 흐르는 암반 위에 세워진 초간정과 주변의 자연경관으로 하나의 아름다운 전통원림 경관을 형성하고 있다.

　초간정원림은 자연을 있는 그대로 즐기는 선조들의 무위자연사상을 잘 보여주며 바위를 휘돌아 흐르는 계류의 맑은 물소리가 시원한 운치를 자아내고 주변의 푸른 소나무 숲과 기암괴석이 어우러져 경관적 가치가 매우 큰 명승지다.

초간정원림(명승 제51호)

15 | 가장 오래된 '철조부처님'을 봉안한 사찰
한천사

감천면 증거리 주마산 기슭에 자리 잡은 한천사(寒泉寺)는 의상대사가 부석사를 창건할 때 계속 기둥이 무너지므로 원인을 찾던 중 남쪽의 한천사 터가 '주마형국(走馬形局)'이라, 그 머리 부분에 한천사를 세워 안정한 후에 부석사를 완공했다고 전해지고 있다.

한천사의 본전인 대적광전에는 우리나라에서 가장 오래된 철불인 비로자나불좌상(보물 제667호)을 봉안하고 있는데, 공배와 대좌가 없어졌지만 높이 1.53m의 철조비로자나불상은 국보 제63호로 지정된 철원 도피안사의 철조비로자나불좌상(865년)보다 그 연대가 더 오래되었고, 신라 말의 철제불상 가운데 가장 우수한 걸작의 하나로 꼽힌다.

16 세금을 내는 부자나무
황목근

   용궁역 건너편 논 한가운데 금원마을 앞에 널직한 터를 잡고 홀로 서 있는 천연기념물 제400호인 황목근은 수령이 600년 이상 된 것으로 추정되는 느릅나무과의 팽나무다.
   팽나무는 바닷가의 당산나무로는 많이 볼 수 있지만 내륙지방에 수백 년 된 아름드리는 흔하지 않다. 팽나무는 바닷가에 많기 때문에 경상도 해안지방에서는 '포구나무'라고 부른다.
   금원마을 사람들은 오래전부터 마을 사람들의 친목을 도모하고 풍년제를 지내기 위하여 쌀을 모아 공동의 토지를 마련하여 두었었는데, 근대화가 되어 토지의 소유권에 대한 법적인 조치가 필요하여 공동재산인 토지를 등기하여야 하는데, 뒷날 혹시라도 공동명의에 의한 재산다툼을 피하기 위해 마을 앞 당

황목근과 동제

산나무인 팽나무 앞으로 1939년 등기 이전을 하기로 결정하였다. 팽나무라는 보통명사로는 등기가 되지 않으므로 '황목근'이라는 고유명사로 명명하였다고 한다.

이 '황목근'은 현재 임야 9,400㎡, 논 2,832㎡로 약 2,800평의 자기 땅을 갖고 있는 알부자로 토지관리 대장에 고유번호를 가지고 있고, 매년 세금도 꼬박꼬박 내고 있다. 이 황목근은 천연기념물로 지정되어 국가가 관리해 주므로 땅을 빌려주고 받는 소작료(쌀 5가마니/년)는 한 푼도 쓰지 않고 은행에 저축을 하고 있으므로 자고 나면 재산이 불어나는 행복한 부자나무다.

제자 박성백 제공

17 육지 속의 작은 섬마을
회룡포

용궁면 대을리와 지보면 마산리 일원에 위치한 회룡포는 한반도 최고의 '물돌이(물도리)' 마을로 낙동강의 지류인 내성천이 350도 마을을 휘돌아 흐르는 감입곡류(嵌入曲流)이며 명승 제16호로 지정되었다.

물이 돌아나간 정도를 비교하자면 안동 하회마을은 버선발 모양이고 회룡포는 금방이라도 똑 떨어질 것 같은 호박 모양이다.

회룡포마을에 들어가려면 구멍이 숭숭 뚫린 녹슨 공사용 강판을 이어붙인 다리인 일명 '뽕뽕다리'를 건너야 한다. 다리를 건널 때 뽕뽕 소리가 나서 '뽕뽕다리'라고 불린다고 한다. 수심이 얕고 물이 매우 맑아 떨어져서 다칠 위험은 없지만 비가 많이 올 때는 이 다리가 물에 잠긴다고 한다.

마을 앞산인 비룡산에 올라 고색창연한 장안사에서 약 300m쯤 올라가면

1 회룡포의 가을(다른 품종의 벼를 심은 상무 모습) **2** 뿅뿅다리

회룡포를 한눈에 조망할 수 있는 비룡대가 나오는데, 이 비룡대에서 내려다본 회룡포는 한 삽만 뜨면 섬이 되어버릴 것 같아 아슬아슬 하지만 곱고 새하얀 백사장, 내성천이 한 겹 감싸고, 그 주위를 산이 병풍처럼 한 겹 더 감싸고 있는 모습이 마치 한 폭의 풍경화를 감상하는 듯하다.

예천군 그 외의 여행지

1 극락전 2 삼층석탑

보문사

보문면 누계리 학가산 기슭에 있는 보문사는 신라 문무왕 16년(676)에 의상대사가 창건한 사찰로 예천군에서 가장 오래되었으며 주변 경관이 매우 아름답다. 경내에는 극락전(경북문화재자료 제203호), 염불당, 삼성각, 나한전, 적묵당, 응진전, 삼층석탑(경북유형문화재 제186호) 등이 배치되어 있다. 정조 4년(1780)에 다산(茶山) 정약용(丁若鏞)이 1년 동안 머물며 공부하였다고 전해온다.

산택연꽃공원(예천군 제공)

산택연꽃공원

용궁면 산택리에 있는 산택연꽃공원은 7~8월에 자생연꽃이 피는 산택저수지를 중심으로 조성한 공원으로 주변에 소나무, 산철쭉, 야생화 등을 식재하고, 잔디광장, 팔각정, 산책로 등 편의시설과 휴양시설을 잘 갖춘 굉장히 낭만적인 장소이므로 여름에 가족나들이 장소로 매우 좋다.

석문종택

지보면 도량리에 있는 석문종택은 동래정씨 석문 정영방(鄭榮邦, 1577~1650)의 종택으로 경상북도 문화재자료 제492호로 지정되어 있다. 전체적으로 '튼 口'자 형의 배치를 이루고 있는 건물로 정확한 건립연도는 명확하지 않으나, 1920년에 중건하였다.

예천온천

감천면 관철리와 천향리 일대에 있는 예천온천은 pH 9.52~10.25의 강알칼리인 중탄산나트륨(HCO_3-Na)성분을 많이 함유하고 있으므로 수질이 부드러운 특징이 있고, 피로회복이 빠르며, 혈액순환, 신경통 등에 효험이 뛰어나고 미용에 아주 좋다고 한다. 예천온천 주변에 대규모 종합휴양온천관광단지가 조성되어 있으므로 예천군 일원의 관광과 연계한 여행계획을 세우면 더욱 좋을 것이다.

예천 준시마을

하리면 동사리와 송월리 일대는 예천준시마을로 더 잘 알려져 있는데, 예천준시는 한로가 되면 감이 홍시가 되기 때문에 그 이전에 감을 깎아서 곶감을 만들어 수분과 당분이 많이 포함되어 있으므로 껍질이 얇고, 햇빛에 비추어 보면 속이 발갛게 드러나 보이는 특징이 있다. 예천준시는 조선시대 때 임금님께 진상하였지만, 예천준시를 만들 수 있는 감은 십년일득(十年一得) 즉, 십년에 한 번 풍년이 되므로 수량이 매우 적다.

학가산자연휴양림

보문면 우래리에 있는 학가산자연휴양림은 학가산 기슭에 휴양림 내에 맑은 물이 흐르는 계곡을 따라 돌출된 바위를 비롯하여 천연림과 인공림이 함께 어우러져 있는 울창한 숲 속에 모텔식 객실, 산장, 황토벽집, 방갈로, 야영장, 산책로, 등산로, 물놀이장, 눈썰매장 등이 잘 갖추어져 있는 휴양시설이다. 학가산(882m)은 산세가 학을 타고 노니는 모양을 하고 있어서 붙여진 이름으로 정상에 올라가면 예천군, 안동시, 영주시를 한 눈에 볼 수 있는 경북북부지역의 명산 중의 하나이다. (예약문의:054-652-0114)

1 우래자연휴양림 입구의 내성천
2 휴양림의 콘도시설

효 공원

상리면 용두리 야목마을에 있는 효 공원은 성주도씨 효자 도시복(都始復, 1817~1890)의 효심을 기리고, 효에 대한 경각심을 일깨우기 위해 명심보감 수록전설을 재현한 호상, 사모정, 효자각, 홍살문 등 조형물을 설치하고 공원을 조성하였다.

효자 도시복은 효심이 출천(出天)하여 살아 생전 부모 섬김에 한 치의 거짓이 없었으며, 양친이 천수를 다하자 시묘살이 3년을 극진히 모셔, 임금이 그의 행적을 명심보감 속편에 실어 삶의 지침서로 삼도록 하였다고 한다.

1 효자비
2 도시복 생가

예천군의 안내지도와 교통지도

※ QR code를 활용하면 더 많은 정보를 자세하게 볼 수 있습니다.

예천군의 축제 및 문화행사

축제 및 문화행사	기간	장소(연락처)	특징
통명농요 발표공연	6월	통명농요전수교육관 (054-653-8102)	각종 농요공연
공처농요발표공연	10월	공처농요전수교육관 (공처농요보존회)	농사지을 때 부르는 민요
민물고기잡이 축제	8월 초순	예천읍 한천일원 (예천청년회의소)	민물고기잡이 체험
예천곤충바이오엑스포	7월 하순~ 8월 중순	예천곤충연구소 (054-652-5876)	곤충 만들기. 곤충기르기 체험
청단놀음	10월	예천학생실내체육관 (054-654-7731)	가면무언극

예천군의 재래시장

재래시장(위치)	장날	특산품
예천장(예천읍)	2일, 7일	마늘, 고추, 곶감, 참깨, 잡곡류, 산나물 등
용문장(용문면)	5일, 10일	고추, 마늘, 벌꿀, 상황버섯, 잡곡류, 산나물 등
용궁장(용궁면)	4일, 9일	호박, 풋고추, 수박, 오이, 한우고기(예천참우), 잡곡류, 산나물, 순대 등
마전장(지보면 마전리)	1일, 6일	참깨, 마늘, 양파, 참기름, 잡곡류 등
풍양장(풍양면)	3일, 8일	양파, 쌀, 참깨, 고추, 한우고기(예천참우) 등

예천군의 체험관광, 고택체험과 숙박시설

※ QR code를 활용하면 더 많은 정보를 자세하게 볼 수 있습니다.

이름	장소(전화)	행사
예천천문우주센타	감천면 덕율리 91(054-654-1710)	예천 "별" 천문대 운영
양궁체험장	예천읍 천복리 150(054-650-6411)	무료 양궁체험
예천요도자기 체험장	개포면 신음리 158-2(054-652-2821)	'황토백자' 제작체험
장승마을	예천읍 청복리 226-4(054-654-5669)	'장승' 제작체험
감천 신라식물원	감천면 유리 486(054-652-4857)	식물원 관람
회룡포정보화마을	용궁면 향석리 154(054-653-6696)	농촌체험
삼강녹색농촌체험마을	풍양면 삼강리 219(054-655-3132)	선비문화와 전통예절을 배우는 과거길체험, 농촌체험
금당실정보화마을	용문면 상금곡리 385(054-654-2222)	농촌체험, 고택체험
상리흰돌 녹색농촌체험마을	상리면 백석리 224-4(054-652-8005)	사과와 오미자 체험농장, '백석동천(白石洞天)'
문래실 녹색농촌체험마을	보문면 우래리 402(054-654-3801)	모래체험, 물놀이체험, 농촌체험
회룡포 녹색농촌체험마을	용궁면 대은리 회룡포마을(010-4802-0339)	농촌체험
회룡포여울마을	용궁면 향석1리	농촌체험
출렁다리 녹색농촌체험마을	용문면 원류리 291-1(054-655-9032)	농촌체험
개포쌀아지매	개포면 가곡1리(054-655-4981)	한식요리체험, 농촌체험
문화예술체험장	개포면 신음리 60-1	예술문화교육
용문사템플스테이	용문면 내지리	산사체험

예천군의 맛집

※ QR code를 활용하면 예천군에서 추천하는 맛집 정보를 더 많이 볼 수 있습니다.

맛집	주소(전화)	특징
백수식당	예천읍 남본리 196-7(054-652-7777)	육회, 등심구이, 불고기
단골식당	용궁면 용궁로(054-653-6126)	순대, 순대국밥
궁중	용문면 상금곡리(054-655-0696)	궁중한방오리탕, 삼계탕, 버섯전골
서원민물장어	예천읍 남본리 222-49(054-652-4410)	장어구이, 장어죽
청포묵과 흑두부	감천면 천향리 417-1(054-654-8792)	탕평채, 두부전골, 정식
동해가든	예천읍 동본리 197(054-654-4767)	오리훈제들깨수제비, 동충하초유황오리탕
산호식당	예천읍 남본리 222-50(054-654-2277)	냉면, 수육, 불고기
예천축산농협 한우프라자	예천읍 남본리(054-654-2328)	등심구이, 갈비탕

1 백수식당의 육회와 육회비빔밥 2 용궁면 단골식당의 순대

6장

의(義) 충(忠) 효(孝) 예(禮)와
마늘로 유명한 예향의 고장

의성군 여행

경상북도의 한가운데에 위치한 의성군은 태백산맥과 소백산맥 사이에 끼어 있는 내륙 산간분지로 안계평야를 비롯하여 곡창지대가 많고, 강수량이 적지만 맑고 투명한 계곡과 수려한 경관이 곳곳에 펼쳐져 있다. 태고의 신비로움을 고스란히 간직하고 있으며 예로부터 의(義), 충(忠), 효(孝), 예(禮)를 유달리 소중하게 여겼던 고장이다.

의성군은 1읍 17면으로 전국에서 가장 큰 군으로 마늘의 생산에 천혜의 조건을 갖추고 있어서 우리나라에서 가장 유명한 마늘 생산지이며, 의성 쌀, 의성사과 등의 특산물도 이름이 나 있다. (의성군 새마을문화과 전화:054-830-6355)

고운사 대웅전

01 최치원이 득도한 사찰
고운사

　단촌면 구계리에 '부용반개형국(芙蓉半開形局, 연꽃이 반쯤 핀 형국)'의 천하 명당에 위치한 고운사는 신라 신문왕 원년(681)에 의상대사가 창건한 사찰로 신라 말 불교와 유교 및 도교에 통달하여 신선의 경지에 이르렀다는 고운(孤雲) 최치원(崔致遠, 857~?)이 계곡을 가로지르는 가운교를 놓고 가운루(경북유형문화재 제151호)와 우화루를 건축하였으며, '높이 뜬 구름'이라는 뜻의 '高雲寺'를 그의 호를 빌어서 '孤雲寺'로 바꾸었다고 한다.

　고려 태조 왕건의 스승이자 풍수지리사상의 시조로 받들어지는 도선국사가 가람을 크게 일으켜 세웠으며, 현존하는 약사전의 고운사석조석가여래좌상(보물 제246호)과 나한전 앞의 삼층석탑(경북문화재자료 제28호)은 도선국사가 조성한 것으로 알려져 있다.

고운사는 조계종 제16교구의 본사로 의성, 안동, 영주, 봉화, 영양에 산재한 60여 대소 사찰을 관장하고 있고, 구름과 매우 깊은 인연을 갖고 있어서 전각 이름에 구름 '운'자가 많다. 민가로부터 3km 정도 떨어져 있어서 고요하고 아름다우며 오염되지 않은 순수함을 자랑한다. 일주문에 이르는 솔밭 사이 비포장 길은 송림체험로로 개발하여 부처님께 진실된 마음으로 다소곳이 다가서는 불자의 마음처럼 포근하고 정감이 넘치는 모양을 하고 있다.

우화루의 호랑이 벽화는 조선시대 중기의 작품으로 어느 각도에서 보더라도 호랑이의 눈이 따라다닌다고 하는 유명한 벽화이다.

1 약사전
2 우화루의 호랑이벽화
3 가운루

02 한반도 최초의 화산
금성산과 수정사

금성면 수정리에 있는 금성산은 가마와 비슷하다고 하여 가마산이라고도 한다. 내륙분지에 솟아 있는 높이 531m의 조그마한 산이지만, 백악기에 화산이 폭발한 것으로 추정되는 한반도 최초의 화산으로 알려져 있다.

화산 폭발의 흔적인 정상의 평지는 천하제일의 명당으로 이곳에 묘를 쓰면 주변지역은 석 달 동안 비 한 방울 내리지 않는 가뭄이 들지만 당대에 만석꾼이 된다는 전설이 전해오고 있어 지금도 땅을 파헤친 흔적이 곳곳에 남아 있다.

금성산에는 금성면이 삼한시대 때 부족국가였던 조문국(召文國)의 도읍지였으므로 귀중한 문화재가 많이 남아 있다. 특히 조문국이 축성한 것으로 추정되는 금성산성은 높이 4m, 넓이 2~4m, 길이 약 2,730m의 석축성인데, 임진왜란 때 사명당(四溟堂) 유정(惟政)이 왜군과 싸운 곳이라고도 한다.

영리산 봉수대 유적은 봉수대의 설치연대는 정확히 알 수 없으나, 세종실록지리지(1454)에 의하면 의흥현의 승목산 봉화를 받아 마산 봉화에 전달하였다고 한다.

금성산에 있는 수정사는 신라 문무왕(재위:681~691) 때 의상대사가 창건하였다고 전해진다. 헌종 1년(1835)에 대광전만 남기고 모두 불에 타 없어지고 1970년에 중건하였지만, 주변경관이 매우 아름다운 사찰로 등산로가 잘 정비되어 있다.

03 영남 4대루의 하나로 꼽히는 누각
문소루

의성읍 원당리 구봉공원에 있는 문소루는 진주의 촉석루, 밀양의 영남루, 안동의 영호루와 함께 교남사대루(嶠南四大樓), 즉 영남지방의 사대루로 불렸던 누각으로, 교남사대루 중 가장 먼저 건립된 것으로 추정되고 있다. 정확한 창건연대는 알려져 있지 않으나, 고려시대 안찰사 김지대(金之岱, 1190~1266)의 시에 문소루가 나오는 것으로 보아 대략 고려시대 중엽에 건립된 것으로 추정된다.

문소루는 공민왕(재위:1351~1374) 때 중건한 기록이 있고, 임진왜란 때 소실되어 숙종 20년(1694)에 중건한 기록도 있다. 정몽주(鄭夢周, 1337~1392)의 시도 현액되어 있었지만, 6·25 때 폭격으로 전소되어 1983년에 옛 모습을 되살려 복원하였다.

문익점면작기념비

04 목화의 발상지
문익점면작기념비와 문익점목면유전비

　금성면 대리리 조문국의 고분군 입구에는 고려 공민왕 때 원나라 금주성에서 목화씨를 붓통에 숨겨 귀국했다는 삼우당(三憂堂) 문익점(文益漸, 1329~1398) 선생의 장손인 문승로(文承魯)가 조선 태종 때 의성 현령으로 재직하면서 의성의 지세가 금주성과 유사한 지금의 제오리에 목화재배를 처음 시작했던 유전(遺田)에 문익점의 후손들이 1935년에 "충선공삼우당문익점선생"이라는 면작기념비를 세웠다.

문익점목면유전비

문익점목면유전비

문익점목면유전비는 제오리공룡발자국화석 옆에 많은 면작관계자로부터 기부금을 받아 1909년에 건립하였다고 전해지는데, 조선후기의 학자이자 항일의병장으로 활동했던 척암(拓庵) 김도화(金道和)가 "충선공삼우당문선생목면유전표"라는 비문을 새겼다. 규모가 너무 작아서 스쳐지나가기 쉽지만, 어린이들에게 좋은 교육 자료이므로 꼭 찾아 볼 필요가 있다.

문익점면화시배사적비는 문익점의 장인 정천익(鄭天益)이 진양에서 시험재배를 하였으므로 경남 산청군 단성면 사월리에 사적 제108호로 지정되어 있으나, 의성이 실질적인 시배지였음을 알 수 있고, 의성면화는 예로부터 유명했다.

사촌마을 전경

05 왜가리의 천국
사촌 숲(서림)과 사촌마을

　점곡면 사촌(沙村)리에 있는 사촌서림은 천연기념물 제405호로 지정하여 보호하고 있으며, 속칭 '사촌 숲'이라고 한다.

　사촌리는 안동김씨 감목공(監牧公) 김자첨(金子瞻)이 1392년 안동에서 이주하여 중국의 사진리(沙眞里)를 본따서 사촌리라고 이름을 지었다고 하며, 안동김씨와 풍산유씨의 집성촌이다.

　사촌서림은 수령이 300년에서 600년 정도 되는 상수리나무, 느티나무, 팽나무 등 10여 종의 나무 500여 그루가 600m 정도에 걸쳐 이어진다. 나무 꼭대기에서 둥지를 튼 왜가리의 날갯짓을 보고 있으면 마치 별천지에 온 듯한데, 특히 눈이 내리는 겨울날에는 운치를 더해주므로 그야말로 절경이다.

　사촌리 사촌 숲은 선조(재위:1576~1608) 대에 영의정을 지낸 서애 유성룡

사촌서림

의 어머니가 출산하려고 친정집에 왔다가 정승이 날 곳이라고 집안 어른들의 반대로 돌아가다가 이곳에서 유성룡을 출산하였다는 전설을 간직한 숲이다.

사촌마을

　사촌리 서쪽에 길게 가로 놓인 숲은 서쪽에서 불어오는 바람을 막고, "서쪽이 허하면 인물이 나지 않는다"는 풍수지리설에 따라 허한 기를 보완하기 위해 인공적으로 사촌 숲을 조성하였는데, 이는 이 마을을 보호하는 방품림의 역할을 할 뿐만 아니라 경관도 매우 아름답다.

　사촌마을에는 안동김씨 종택, 후송재, 후산정사, 자여당, 양진당, 자계정, 만취당(경북유형문화재 제169호) 등 안동김씨와 풍산유씨의 고택이 30여 동 남아 있고, 사촌마을자료전시관은 유교문화유산의 산 교육장이다.

1, 2 만취당 전경 3 후송재

　만취당은 퇴계 이황의 제자인 안동김씨 만취당(晚翠堂) 김사원(金士元, 1539~1602)이 선조 17년(1584)에 완성한 정자로 부분적으로 보수를 하였다. 전체적으로 'T'자형이고 우물마루와 온돌방이 꾸며져 있으며, 조선시대 특유의 11칸 대청 건물로, 임진왜란 이전에 건립된 그리 흔하지 않은 목조건물로 국내에서 가장 오래된 사가이다. 현판의 글씨는 석봉(石峯) 한호(韓濩, 1543~1605)가 썼다고 전해온다.

산운마을

06 대감마을
산운마을과 산운생태공원

　금성면 산운리에 있는 산운마을은 수많은 전설을 간직한 금성산을 뒤에, 비봉산을 옆에 둔 나지막한 구릉과 평지에 자리잡은 영천이씨의 집성촌으로 신라시대에 불교가 융성할 때 수정계곡 아래에 구름이 감도는 것이 보이는 마을이라고 '산운(山雲)'이라 하였다고 한다.

　명종 때 강원도관찰사를 역임한 영천이씨 학동(鶴洞) 이광준(李光俊, 1531~1609)이 입향조이며, 이 마을에서 많은 인재가 배출되어 대감마을로 불리게 되었다고 한다.

　입향조 이광준을 추모하고 후진을 양성하기 위해 영조 26년(1750)에 건립된 학록정사(경북유형문화재 제242호), 운곡당(경북문화재자료 제374호), 점우당(경북문화재자료 제375호), 소우당(경북중요민속자료 제237호) 등 30

1 점우당 2 소우당

여 채가 넘는 전통가옥이 있다.

산운생태공원

　폐교된 산운초등학교를 리모델링한 산운생태공원에서는 의성군의 역사와 유래를 알 수 있다. 제1전시실은 지진과 화산활동, 생명의 기원과 지구의 탄생에 관한 자료, 제2전시실은 인류의 진화과정, 동·식물의 분류별 종류, 제3전시실은 공룡화석과 공룡의 연대기를 볼 수 있도록 하였고, 마을자료관은 산운마을의 유래와 지방문화재를 전시, 야외에는 솟대, 장승, 쉼터, 공룡모형, 산책로 등을 조성하여 자연학습장 및 친환경 공간으로 활용하고 있다.

의성향교와 마주한
성광성냥공업사 입구

07 마지막 남은 성냥공장
성광성냥공업사

　의성읍 도동리에는 한때 호황을 누렸던 300여 개의 성냥공장이 모두 사라지고 우리나라에 유일하게 남아 있는 성냥공장인 '성광성냥공업사'가 있다.

　성광성냥공업사는 슬레이트 지붕을 얹은 허름한 건물에서 작은 성냥을 만드는 낡은 공장이다. 미루나무 통나무가 수많은 공정을 거쳐서 작은 성냥개비로 탄생하는 곳이며, 공압기, 입감기, 왕발기, 성냥제조기 등 크고 작은 기계가 꽉 들어차 있다.

　성광성냥공업사는 1954년에 건립되어 종업원이 많을 때는 160명 이상 있었으나, 현재는 겨우 6~7명이 운영하고 있다. 신라 시대의 오리모양 청동향로가 그려진 '향로표성냥'은 조만간 역사의 뒤안길로 사라질 것 같은 느낌을 준다.

1 성냥을 포장하고 있는 종업원 **2~4** 성냥공장시설

    성냥공장은 개항기인 1886년 인천에 일본인과의 합작으로 처음 생겼다고 하며, 1916년 일본인들이 설립한 '조선인촌회사'를 비롯하여 지방에도 성냥공장이 설립되어 가정용으로 보급되었다. 70년대 후반까지 300여 개의 성냥공장이 호황을 누렸지만, 1회용 라이터의 등장과 중국산 성냥에 밀리기 시작하면서 성냥산업은 치명타를 입고 사양 산업이 되었다.

08 우리나라 최고 품질의 마늘
의성마늘

'의성' 하면 '마늘', '마늘' 하면 '의성'을 연상할 정도로 의성군은 마늘을 많이 재배하고 있다. 의성마늘이 전국적으로 유명한 것은 의성군이 일교차가 크고, 지대가 높고, 금성산의 화산폭발 때 화산분진에 미네랄이 풍부하고, 토양이 비옥한 등 한지형마늘을 생산하는 데 천혜의 조건을 갖추고 있어 품질이 매우 좋은 마늘이 생산되기 때문이다.

의성군 사곡면의 마늘밭

『단군신화』에서 웅녀(곰)가 마늘과 쑥을 먹고 사람으로 변신하였다고 한 것을 보면, 마늘은 신비한 식물로 우리 민족과는 깊은 인연을 갖고 있다. 의성군은 중종 21년(1526)에 의성읍 치현리에서 경주최씨와 김해김씨 두 성씨가 마늘을 처음으로 재배하였다고 전해온다. 2006년 '의성마늘산업유통특구'로 지정되어 고품질 마늘 가공제품개발과 유통체계혁신을 위한 마늘종합타운과 거점산지유통센터를 건립하고, 마늘 소, 마늘 포크와 마늘 닭을 생산하는 '의성마늘목장' 브랜드 및 의성토종마늘을 발효한 '의성흙마늘'을 개발하였다.

마늘은 간암, 위암, 폐암, 전립선암을 억제하고 혈압과 혈중콜레스테롤을 낮추어 주므로 심장병을 예방하며 노화를 방지하는 효능이 있는 것으로 알려져 있다. 〈타임지〉가 마늘을 10대 건강식품으로 선정하였고, 미국의 '국립암연구소'는 마늘을 항암식품 1위로 선정하였을 만큼 진가가 규명되어 소비가 계속 늘어나고 있다.

빙계서원

09 천연기념물
의성 빙계리 얼음골과 빙계서원

   춘산면 빙계리 일대의 빙계계곡의 빙혈과 풍혈 등이 '의성 빙계리 얼음골'이란 명칭으로 천연기념물 제529호로 지정되어 보호를 받고 있다.
   천연기념물로 지정된 빙계계곡은 풍혈, 빙혈 등 지반이 끊어진 단층운동으로 암석이 갈라져 사면에 쌓이면서 형성된 응회암 암괴들로 이어져 있다. 이 때문에 여름철에는 암괴에서 흘러나오는 찬바람이 외부의 더운 공기와 만나 물방울이 맺히고 얼음이 얼며, 겨울철에는 따뜻한 공기가 흘러나와 오히려 얼음이 얼지 않는 희귀한 현상을 보이고 있는 곳이다.
   또 주변 숲과 계곡의 아름다운 모습이 어우러지는 경관적 가치가 매우 높다.

마을 건너편 수십 미터에 깎아지른 듯한 절벽이 병풍처럼 둘러쳐 있다. 그 아래 맑은 시냇물 가운데 우뚝 솟은 크고 작은 무수한 바위는 경북 8승의 하나이고, 계곡 가운데 돋보이는 유난히 큰 바위에 '빙계동'이란 커다란 글씨가 새겨진 건 임진왜란 때 여기에 들른 명나라 장수 이여송의 필적이라는 설도 있다.

빙계계곡의 8경은 다음과 같다.

1경인 빙혈은 산기슭 바위 아래 폭 1.5m, 길이 4.5m의 공간인 바위굴로 입구를 들어서면 서늘하다 못해 뼛속까지 스며드는 냉기에 온몸의 신경이 곤두선다.

2경인 풍혈은 빈바위 사이 너비 1m, 길이 10m의 공간으로 여름철에는 시원한 에어컨 바람이, 겨울철에는 더운 바람이 나온다. 모두 여름엔 얼음이 얼고 겨울엔 따뜻한 바람이 나온다.

3경인 인암(仁岩)은 너비 1.2m, 높이 2.4m의 바위로 12시가 되면 인(仁)자 모양의 그늘이 나타난다 하여 붙여진 이름이다.

4경인 의각은 '의사각(義士閣)'이라고도 부른다. 임진왜란 때 윤은보(尹殷甫)가 모재(慕齋) 김안국(金安國), 회재(晦齋) 이언적(李彦迪)의 위패를 안전하게 보관한 것을 기려 세웠다.

5경인 수대(水碓)는 빙계정사 터에 있던 물레

1 빙산사지오층석탑
2 빙혈
3 풍혈

빙계계곡

방아였으나, 지금은 대한불교법화종의 빙계정사가 세워져 있다.

6경인 의성 빙산사지오층석탑(보물 제327호)은 이곳이 큰 절 터였음을 추측할 수 있게 하고, 의성탑리오층석탑을 모방한 신라 말에서 고려 초의 작품으로 추정된다.

7경인 불항(佛項)은 불항봉 꼭대기의 움푹 파인 곳으로 부처막이라고도 한다.

8경인 용추(龍湫)는 빙계계곡 물에 용의 머리가 부딪쳐 반구형으로 패인 절벽 밑의 깊은 웅덩이다.

빙계서원

조선 명종 11년(1566년)에 회당 신원록이 창건하여 모재 김안국을 봉향하였고, 창건 시에는 의성읍 창천에 위치하여 선조 9년(1576년)에 창천서원으로 사액을 받았다고 한다. 이후 선조 33년(1600년)에 학동 이광준이 춘산면 빙계리로 이건한 후 회재 이언적을 합향하여 빙계서원으로 개칭하고, 서애 유성룡, 학봉 김성일, 여헌 장현광을 추향하여 오다가 대원군의 전국 서원철폐령으로 훼철되었다고 한다.

지금의 빙계서원은 2006년에 복원하여 완공하였는데 전형적인 배산임수의 형태로 나름대로 아름다운 풍광을 안고 있다. 규모로만 본다면 작지 않은 크기이지만 새로 복원한 흔적이 아직 가시지 않았고 지나친 짜임새가 오히려 뭔가 어색한 듯하다.

10 의성군의 유일한 국보
의성탑리오층석탑

금성면 탑리에 세워져 있는 오층석탑은 낮은 1단의 기단 위에 5층의 탑신을 세운 모습으로 돌을 벽돌 모양으로 쌓아 올린 전탑의 수법을 모방하였고, 한편으로는 목조건축의 수법을 동시에 보여주는 특이한 구조를 갖고 있어 국보 제77호로 지정되었다.

오층석탑의 기단은 단층으로 여러 개의 돌로 바닥을 깐 뒤, 목조건축을 본떠 가운데 기둥과 모서리 기둥을 각각 다른 돌로 구성하였다. 탑신은 1층이 높으며 2층부터는 높이가 급격히 줄어드는 모습이고, 1층 몸돌에는 불상을 모시는 감실을 설치하였다. 지붕돌은 전탑에서 보이는 모습처럼 밑면뿐만 아니라 윗면까지도 층을 이루고 있는데, 윗면이 6단, 아랫면이 5단이고, 지붕들은 네 귀퉁이가 살짝 들려 있어 목조건축의 지붕 끝을 연상하게 한다.

낮은 1단의 기단 위에 5층의 탑신부를 구성한 이 탑은 특히 제1층 탑신에 무량수전과 같은 목조건물의 기둥에서 볼 수 있는 배흘림이 있는 네모기둥을 세우고 남면에 감실을 두었으며 기둥 위에는 주두의 형태를 본떠서 조각하였다. 각층 옥개석은 전탑의 구조를 본떠 아래 윗면을 모두 층급형으로 단을 지어 조성하였으며 맨 윗부분에 장식되었던 상륜부는 노반만 남아 있다. 장중한 아름다움과 함께 전탑의 양식을 따르면서 일부 목조건물의 수법을 보여주고 있는 특이한 구조의 이 석탑은 경주 분황사석탑에 다음가는 오래된 석탑으로 우리나라 석탑양식의 발전과정을 연구하는 데 매우 귀중한 자료가 되고 있다.

고분군과 작약꽃

11 사라진 왕국의 흔적
조문국의 고분군과 경덕왕릉

금성면 대리리, 탑리리, 학미리 일대에 옛무덤 200여 기가 곳곳에 산재해 있는데, 그중 경덕왕릉 주변의 40여 기를 잘 정비하고 작약 밭을 조성하는 등 조경을 하여 산책하기에 아주 좋도록 꾸며 놓았다.

금성산 일대에 있는 200여 기의 고분군은 5~6세기경인 삼국시대에 조성된 것으로 추정되며 경북기념물 제128호로 지정되었다.

경덕왕릉

1호 고분인 경덕왕릉은 신라 35대 경덕왕(재위:742~765)이 아니고 삼한시대의 한 부족국가인 조문국(召文國)의 경덕왕릉이라고 전해져 온다. 조문국의 '경덕왕'이 역사적으로 고증된 것은 아니고, 예로부터 전해오는 전설에 의해 경덕왕릉으로 추정하고, 그 후 수백 년이 흐르면서 정설로 굳어진 것이라고 한다.

삼한시대 소국 중 하나인 조문국은 『삼국사기』 신라본기에 신라 초 "벌휴왕 2년(185) 2월에 파진찬 구도와 임길찬 구수혜를 좌우 군주로 삼아 벌했다"고 짤막하게 기록되어 있는데, "벌했다"는 말을 편입했다는 뜻으로 해석하여 조문국이 멸망한 것으로 표현하고 있으나, 고분군에서 발굴된 토기, 금동관, 장신구, 철제 무기류 등의 유물은 신라전기 350~450년대의 것으로 추정되고, 주변정세를 감안하면 조문국은 5세기 말경에 신라에 의해 멸망한 것으로 추정할 수 있다고 한다.

『여암전서』 강계고에서도 『삼국사기』에 조문국을 벌했다는 짧은 기록밖에 없으므로 언제 신라에 종속되었는지는 알 수 없다고 하였으나, 신라가 조문국을 탐낸 이유는 단순히 군사적, 지형적이라기보다는 의성이 황금의 원산지였으므로 신라 왕족이 된 김씨의 경제적 기반을 제공한 것으로 해석하고 있다.

1 고분군의 조경 **2** 고분군과 작약 꽃 **3** 조문국 사적비

공룡발자국 화석

12 | 한반도에서 가장 규모가 큰 공룡 유적
제오리 공룡발자국 화석

금성면 제오리에는 1987년 도로 확장공사 중에 우연히 발견된 1억 1천만 년 전 백악기의 공룡 발자국 화석이 있다. 우리나라 공룡발자국 화석의 대부분이 남해안을 따라 발견되는데, 내륙지방에서 단일 면적에 분포하는 300여 개의 공룡발자국 화석이 발견된 것은 매우 희귀한 예로 공룡발자국 화석 중에서는 제일 처음으로 천연기념물 제373호로 지정되었다.

공룡발자국 화석은 발굽울트라룡, 발톱고성룡, 발목코끼리룡과 같은 초식공룡과 육식공룡인 한국큼룡 등의 4종류이고, 공룡 25마리의 발자국으로 확인되어 이곳이 대규모 공룡 서식지였음을 짐작할 수 있다.

제오리 공룡발자국 화석은 발자국의 보존 상태가 양호하여 발자국의 크기와 패인 정도로 발의 구조와 크기, 보폭, 보행 방향, 공룡의 크기와 무게, 공룡의

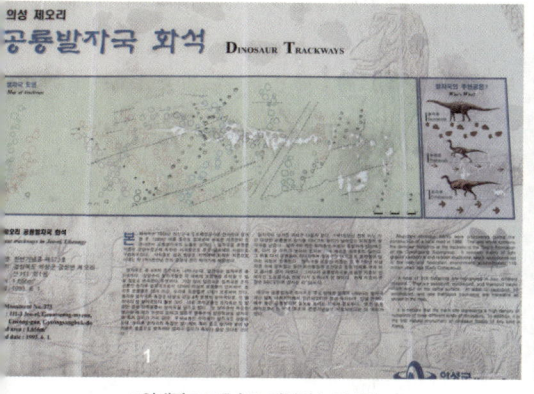 

1 안내판 2 보호수로 지정된 느티나무

  골격 등을 추정할 수 있어 공룡의 생태 및 형태 연구에 귀중한 자료를 제공해 주므로 제오리와 같이 밀집된 공룡발자국 화석은 학술적으로 큰 가치를 지니고 있다고 한다.

  특히 의성군의 승방리, 나호리 등에서도 공룡발자국 화석이 발견되었고, 탑리에서 공룡의 대퇴골, 구미리에서 트리게라톱스공룡으로 추정되는 공룡의 몸통뼈 화석이 발견되었다. 이는 한반도가 공룡시대엔 현재의 안동에서 남해안 일대까지 거대한 호수로 되어 있어, 이구아노돈공룡과 사우로포스공룡이 호수를 헤엄치고 익룡이 날아다니는 공룡의 천국이었을 것이라는 가설을 증명한다는 주장이 있다.

  공룡은 중생대 쥐라기에서 백악기 시대에 번성했는데, 우리나라에서 발견되는 공룡 화석은 대부분 백악기 시대의 발자국 화석이다.

  화석 바로 옆에 문익점목면유전비가 세워져 있고, 의성군 보호수로 지정된 느티나무도 꼭 찾아보아야 한다.

의성군 그 외의 여행지

1 휴양림의 조경 2 금봉자연휴양림

금봉자연휴양림

옥산면 금봉리에 있는 금봉자연휴양림은 '자연과 함께하는 휴식 공간'이라는 슬로건으로 삼림욕을 즐기며, 휴양림생태조사도 할 수 있다. 생활관에는 취사를 비롯하여 소규모이지만 수영장도 갖추고 있으며, 오토캠핑장도 갖추고 있어서 아주 저렴하게 이용할 수 있으며 잠시지만 생활의 여유를 만끽할 수 있는 곳이다. (금봉자연휴양림 전화:054-833-0123)

1 대웅전 2 탑

대곡사

다인면 봉정리에 있는 대곡사는 고려 공민왕 17년(1368)에 인도 승려 지공과 혜공이 대국사(大國寺)를 창건하였다고 전해온다. 정유재란으로 소실되어 선조 38년(1605)에 중창하고 숙종 13년(1687)에 중건하였다는 기록은 있으나, 그 후의 연혁은 전하지 않고 있다. 대국사의 대웅전(경북문화재자료 제160호), 범종각과 명부전(경북문화재자료 제161호), 다층석탑(경북문화재자료 제405호) 등이 경북문화재로 지정되었다.

산수유마을

사곡면 화전리는 산수유마을이라는 별칭이 있지만 많이 알려져 있지 않으며, 전국에서 생산되는 산수유의 약 40%가 이곳에서 생산된다. 특히 '숲으로 둘러싸인 골짜기'란 뜻의 숲실마을은 300여 년 전에 한약재용으로 산수유나무를 많이 심어 수령 200~300년 된 고목 수만 그루가 산수유 골짜기를 형성하고 있다.

봄에는 산수유가 꽃망울을 터트릴 때(3월 하순)에 산수유축제가 열리고, 가을에는 산수유가 빨갛게 익은 모습을 사진에 담으려는 사진작가가 많이 몰려온다.

의성관덕리 삼층석탑

의성군 제공

단촌면 관덕리에 있는 의성관덕리 삼층석탑은 이중의 기단 위에 3층의 탑신을 올린 석탑이다. 아래층 기단의 4면에는 가운데에 기둥모양의 조각을 새기고 8곳에 비천상(飛天像)을 조각, 위층 기단에도 기둥을 중심으로 왼쪽에는 사천왕상, 오른쪽에는 천부상(天部象)을 배치하였으며, 탑신에도 4면에 보살상을 새겨 화려하고 아름다워 보물 제188호로 지정되었다.

위층 기단의 네 귀퉁이에 돌사자 네 마리가 있었으나 2마리는 없어지고 2마리는 보물 제202호로 지정되었고, 현재 국립경주박물관에 보관되어 있다.

의성 석탑리 방단형적석탑

1 남쪽 감실 2 부처가 사라지고 없는 서쪽 감실
3 방단형적석탑

안평면 석탑리에 있는 의성석탑리 방단형적석탑은 불규칙한 모양의 자연석을 쌓아 만든 고려 시대의 석탑으로 탑에 관한 기록은 전혀 없다. 건물 터만큼 넓게 낮은 단을 계단 모양으로 만들었고, 1, 2단에 걸쳐 4면에 감실을 만들었으며, 현재 윗부분이 무너져 몇 층이었는지 알 수 없다. 기단과 탑신의 구분도 애매하고 독특한 형식으로 고려 시대 때 축조된 것으로 추정되어 경북유형문화재 제301호로 지정되었다.

의성향교

의성향교 명륜당

의성읍 도동리에 있는 의성향교는 태조 3년(1394)에 건립되었고, 인종 1년(1545)에 수리한 기록이 있다. 대성전과 명륜당이 서로 다른 토담 속에 남향으로 배치되어 전묘후학의 전형에서 벗어난 독특한 배치를 하고 있고, 대성전은 조선시대 중기, 명륜당은 조선시대 후기의 건축물로 경북유형문화재 제150호로 지정되었다.

의성군의 축제 및 문화행사

축제 및 문화행사	일시	장소(연락처)	특징
산수유축제	3월 말 ~ 4월 초	사곡면 화전리(054-830-6093)	산수유 꽃길걷기 전통놀이체험 등
연날리기 대회	3월 말 ~ 4월 초	의성종합운동장(054-830-6355)	국제대회
가을 빛 고운축제	10월 초순	의성종합운동장(054-830-6355)	의성마늘과 의성 쌀 홍보 등
왜가리 축제	5월 하순	신평면 중율리 (054-830-5363)	청학 신선제, 전통 행사 체험 등

의성군의 재래시장

재래시장	장날	위치	특산물
의성장	2일, 7일	의성읍 도동리 962	의성마늘, 의성 쌀, 사과 등
단촌장	5일, 10일	단촌면 하화리 1079-9	의성마늘, 사과, 의성마늘한우
옥산장	3일, 8일	옥산면 입암리 1105-85	의성마늘, 벌꿀, 사과, 잡곡류 등
금성장	1일, 6일	금성면 산운리 664	의성마늘, 한약재, 사과 등
봉양장	4일, 9일	봉양면 화전리 102-5	의성마늘, 의성 쌀, 사과 등
안계장	1일, 6일	안계면 용기리 467	의성 쌀, 의성마늘, 잡곡류 등
다인장	2일, 7일	다인면 서릉리 167-1	의성 쌀, 의성마늘, 참깨 등
신평장	5일, 10일	신평면 교안리 312-6	
안평장	3일, 8일	안평면 박곡리 953-3	

의성군의 체험관광, 고택체험과 숙박시설

이름	주소	전화
금봉자연휴양림	옥산면 후죽리 487-23	054-833-0123
민산기념관(한옥체험)	점곡면 사촌리 223	054-833 1913
워드파크(관광팬션)	다인면 달제리 326-1	010-3342-9576

대왕관광농원식당	점곡면 명고리 1026	054-832-4330
신라장	의성읍 후죽리 676-9	054-832-0015
명품호텔	의성읍 후죽리 825-2	054-832-4450
금성장	금성면 대리리 3-6	054-834-1511
아리랑여관	안계면 토매리 110-4	054-862-0078
탑산약수탕	봉양면 구산리 1635-1	054-834-5030

의성군의 맛집

상호	위치	메뉴	전화
가마솥삼겹살	의성읍 후죽리 614-5	갈치찌개	054-832-6362
가빈정	의성읍 중리리 683-10	한정식	054-832-9690
개성삼계탕	의성읍 후죽리 692-4	삼계탕	054-834-4558
경동숯불갈비	의성읍 후죽리 586-6	갈비살	054-832-9680
경북한우참숯갈비	의성읍 후죽리 692-4	갈비살	054-834-4141
낙원식육식당	의성읍 후죽리 740-1	돼지뒷고기	054-834-2232
대구숯불가든	안계면 용기리 469-27	돼지갈비	054-861-0073
도원불고기식당	봉양면 화전리 118-5	고추장불고기	054-832-2808
돈뭉치숯불가든	안계면 용기리 928-19	생오겹살	054-861-6767
돼지촌식당	금성면 산운리 649-10	돼지갈비	054-832-5511
뚝배기나라	의성읍 후죽리 741-2	감자탕	054-834-3132
마포참숯갈비	의성읍 도동리 597-2	갈비살	054-834-5812
매일식육식당	의성읍 후죽리 858-100	삼겹살	054-834-2941
북경루	의성읍 후죽리 578-1	중국요리	054-833-1418
빙계숯불가든	가음면 양지리 560-2	돼지숯불갈비	054-833-4135
사거리식육식당	의성읍 후죽리 837-7	삼겹살	054-834-3928
산야한정식	의성읍 후죽리 735-2	한정식	054-832-9666
서울칡냉면	의성읍 후죽리 592-28	냉면	054-834-8855
서원한정식	의성읍 중리리 871-3	한정식	054-834-0054
수연식당	의성읍 후죽리 607-4	한정식	054-834-7779
시장식육식당	안계면 용기리 842-67	곰탕	054-861-2525

의성마늘소1호점	봉양면 화전리 125	갈비살	054-833-7171
장터식육식당	금성면 대리리 7-37	등심	054-834-1366
전주명품한우식당	봉양면 화전리 124-9	갈비살	054-832-2014
중앙식육식당	의성읍 중리리 876	갈매기살	054-834-2954
청호가든	봉양면 문흥리 768-1	잉어찜	054-832-8005
초인정식당	의성읍 후죽리 600	명태찜, 한정식	054-834-8484
한우마실직영식당	봉양면 화전리 88-2	불고기전골, 육회	054-832-1999
한우마을	안계면 용기리 497-3	등심	054-861-3456
단촌한우암소식당	단촌면 하화리 1101-3	불고기	054-834-8334
시골황토매운탕	의성읍 중리리 755	메기매운탕	054-834-8822
영춘원식당	의성읍 후죽리 480-11	간짜장	054-833-8595
의성서부한우회 마늘목장한우타운	안계면 용기리 1116-12	불고기	054-862-8592
초원식당	의성읍 후죽리 592-3	칼국수	054-834-8484
시골황토매운탕	의성읍 중리리 755	메기매운탕	054-834-8822

1 금성면 산운리의 돼지숯불촌 돼지갈비 2 마늘목장한우타운 한우등심

7장

푸른 숲과 맑은 물의
신선세계

청송군 여행

청송(靑松)의 명칭은 푸른 소나무가 많은 고장이라는 단순한 의미만 있는 것이 아니다. '청(靑)'은 푸른색, 봄, 동쪽, 젊음, 고귀함을 상징하고, '소나무'는 사철 푸른빛을 띠어 절조, 장수, 번무를 상징한다. 따라서 '청송(靑松)'은 동쪽에 있는 불로장생의 신선세계, 인간이 인간답게 살기에 가장 적합한 이상의 세계를 뜻한다.

세종조의 연생당(戀生堂) 홍여방(洪汝方, ?~1438)은 『찬경루기(讚慶樓記)』에서 청송을 극찬하였고, 퇴계(退溪) 이황(李滉)은 청송을 "청송백학이무분(靑松白鶴離無分) 벽수단산신유연(碧水丹山信有緣)"이라 하였으며, 운천(雲川) 김용(金涌, 1557~1620)은 주왕산 기암시에서 '청송'을 신선의 세계로 묘사하였다.

서양에서 말하는 이상세계인 '유토피아'는 동양에서는 도연명(陶淵明)의 『도화원기(桃花源記)』에 나오는 '무릉도원'이다. '무릉도원'이 지형적으로 외부의 접근이 어렵고, 경치가 아름답고, 평화롭고, 넉넉한 삶이 있는 곳을 의미한다면, '청송'이 바로 그런 곳이라고 단언할 수 있다.

청송은 천혜의 자연조건 덕택에 우리나라에서 품질과 맛이 최고로 좋은 사과를 생산하는 고장으로도 유명하다. (청송군 관광문화과 전화:054-870-6226)

01 위장병에 특효인 약수
달기약수탕

　청송읍 부곡리에 있는 달기약수탕은 철종(재위:1849~1863) 때 금부도사를 지낸 권성하가 낙향하여 수로 공사를 하던 중 바위틈에서 솟아오르는 약수를 발견한 것이라 전해져 오는데 상탕, 천탕, 중탕, 신탕, 하탕(원탕), 성지탕 등 6개의 약수탕이 700m 사이에 줄지어 있다.

　달기약수라는 이름은 약수가 솟아날 때 "고고고" 하고 닭 울음소리가 난다 하여 붙여진 이름이라고 한다. 달기약수는 색깔과 냄새가 없는 것이 특징이나, 쌉싸름하게 톡 쏘는 맛이 꼭 김빠진 사이다 맛이지만 철분이 많아서 속병이 있는 사람이나 빈혈기 많은 여자들이 많이 찾고, 신경통에도 효과가 있다고 한다.

　달기약수는 약수가 솟구치는 출구가 철분으로 인해 온통 벌겋게 변해 있는

1 신탕 **2** 상탕

데, 이 약수로 밥을 지으면 밥이 파란 빛깔을 띠며 찰기가 있고 밥맛도 아주 좋다. 약수 닭백숙은 푸르스름한 색을 띠고 철분 함량이 많은 탄산수가 닭의 지방을 제거해주어 고기 맛이 담백하며 쫄깃쫄깃하여 먹기가 좋다.

달기약수탕 주위에는 약수로 요리하여 독특한 맛을 내는 많은 음식점이 있고 숙박시설도 많으므로 하룻밤 묵을 수 있는 여행계획을 세우는 것이 좋다.

02 조물주의 걸작품
백석탄

　백석탄(白石灘)은 청송군 안덕면 고와리 신성계곡의 한 골짜기에 위치해 있다. 백옥같이 하얀 바위들이 계곡에 이어져 있으며, 맑고 투명한 물이 물보라를 치며 반짝반짝 흐르는 모습이 신비롭고, 소나무 숲과 어우러져 한 폭의 수묵화와 같다.

　'고와리'라는 마을 이름은 옛날 어느 원님이 그 모습이 얼마나 신기하고 아름다운지 흰 백석천 위에 드러누워 먼 하늘을 쳐다보고 있으니 세상만사 구름 가듯 느껴지고 무아지경에 이르러 "왜 이렇게 고와"라고 탄복했다는 데서 유래되었다고 전해 온다. 고와(高臥)는 '베개를 높이 하여 편히 눕다'는 의미에서 세속을 떠나 은거하면서 마음을 편안하게 지낸다는 뜻으로 쓰인다고 한다.

　백석탄은 독특한 형태의 계곡으로, 계곡에 백옥처럼 흰 바위들이 길게 펼쳐

져 있어 붙은 이름이라고 한다. 이 백석탄은 장군대, 조어대, 가사연 등 별칭이 붙은 곳이 많은데, 특히 조어대 밑의 가사연은 이곳에 있으면 시심이 저절로 일어난다는 곳으로 백석탄을 8경으로 영탄한 아래의 시는 지금도 애송되고 있다.

금강비폭(金剛飛瀑) 가히 금강의 폭포요
부석징담(浮石澄潭) 부석의 연못이로다
청탄세이(淸灘先耳) 맑은 개울에 귀를 씻고
필봉구숙(筆峰鷗宿) 붓 같은 필봉 위에는 물새들이 잠을 자며
자하동천(紫霞洞天) 가히 자하동 바위골짝 하늘이요
금화석실(金華石室) 백석침대(白石枕臺)(흰돌이 변한 양들이 있는) 금화산 석실이로다
장군석단(將軍石壇) 장군은 석단에 잠들고
화전접무(花田蝶舞) 꽃밭에선 나비들이 춤을 추네

수백 년 된 향나무 2그루

03 | 99칸의 대저택
송소고택

　파천면 덕천리에 있는 송소고택은 영조 때 만석의 부를 누렸다는 심 부자 심처대(沈處大)의 7대손 송소(松韶) 심호택(沈琥澤)이 1880년 전후에 지은 대저택으로 조선시대 상류주택의 특징을 잘 간직하고 있어서 중요민속문화재자료 제250호로 지정되었다.

　심 부자는 9대에 걸친 만석꾼으로 조선 8도 어디를 가도 땅이 없는 곳이 없었다고 하는데 송소고택의 건물은 큰 사랑채, 작은 사랑채, 안채, 별당 등 모두 7동으로, 100칸은 임금만이 소유할 수 있으므로 아무리 돈이 많고 권세가 드높아도 99칸을 넘을 수 없는 한계 때문에 99칸을 지었다고 한다.

　홍살을 설치한 솟을대문을 들어서면 큰 사랑채는 정면 5칸, 측면 2칸의 팔작지붕이고, 오른쪽에 작은 사랑채가 있고, 그 뒤에 안채가 있고, 전체적으로

1 담의 구멍 2 큰사랑 3 별당

'ㅁ'자형을 이루며, 별당은 정면 4칸, 측면 2칸으로 큰 사랑채에서 중문으로 이어진 건물로 고풍스럽지도 않은 평범한 대저택이다. 눈에 띄는 특징은 사랑채와 안채로 드나드는 작은 사랑채의 중문사이 마당에 설치한 '헛담'이다. '헛담'은 안채로 드나드는 사람이 사랑채에서 눈에 띄지 않게 하기 위한 것으로 사랑채에 어떤 손님이 몇 분 오시는지를 알 수 있도록 작은 구멍 4개를 뚫어놓은 것이 매우 인상적이다.

신성계곡과 방호정

04 청송의 제1경
신성계곡과 방호정

안덕면 신성리에 있는 신성계곡은 계곡 초입의 바위절벽 위에 자리 잡은 방호정에서부터 고와리의 백석탄에 이르는 약 15km의 계곡으로 계곡의 하류지역에는 갖가지 기암절벽이 솟아 있고, 차고 맑은 물과 깨끗한 자갈밭이 매우 넓으며, 울창한 소나무 숲이 장관을 이루고 있다. 신성계곡은 청송 8경(주왕산, 현비암, 달기폭포, 얼음골, 월외계곡, 절골계곡, 수정사계곡) 가운데 제1경이라 일컬어질 정도로 빼어난 경치를 자랑한다.

방호정(方壺亭)은 조선 중기의 문신으로 정묘호란 때 의병을 일으켰으며, 효성이 지극했다는 방호(方壺) 조준도(趙遵道, 1596~1665)가 돌아가신 어머님을 사모하는 마음으로 광해군 11년(1619)에 풍수정(風樹亭)을 건립하였는데, 함안조씨 문중에서 방호정으로 중수하였고 경북민속자료 제51호로 지정되었다.

05 가장 무거운 약수물
신촌약수

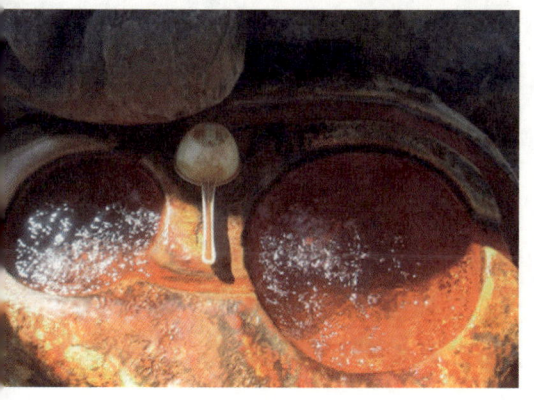

진보면 신촌리에 있는 신촌약수는 이웃에 있는 달기약수보다 개발된 시기는 조금 늦지만, 1백 년이 넘는 역사를 갖고 있으며 다른 지역의 어느 약수보다 수량이 많음을 자랑한다.

조선조 말에 조정에서 전국의 약수를 조사한 일이 있었는데, 당시 이곳 약수물이 가장 무겁고 맛이 독특했다는 보고가 있으며, 철분이 많이 함유된 탄산수이고 위장병, 신경통 및 만성부인병 등에 효험이 있는 것으로 소문이 나 있다.

약수로 밥을 지으면 푸르스름한 색이 돌며 찰기가 있고, 약수로 곤 닭백숙은 푸르스름한 색을 띠는 특징이 있어 어린아이들은 싫어하지만 맛은 매우 좋다.

신촌약수탕 주위에는 약수로 요리하여 독특한 맛을 내는 많은 음식점이 있고, 숙박시설도 많으므로 하룻밤 묵을 수 있는 여행계획을 세우는 것이 좋다.

달기폭포

월외계곡

06 용이 승천한 용소가 있는 계곡
월외계곡과 달기폭포

　월외계곡은 청송읍 월외리에 위치해 있다. 주왕산 뒤편에 있는 태행산과 월명산 사이의 달기약수탕에서 월외계곡을 따라 약 4km를 거슬러 올라가면 약 11m 높이의 달기폭포(일명 월외폭포라고도 한다)가 나온다. 노루용추를 비롯한 기이한 바위가 이리저리 흩어져 있는 기암절벽과 울창한 숲이 계곡 중심부에 자리 잡은 달기폭포의 우렁찬 폭포수의 물소리와 어우러져 아름다운 경관을 자랑한다.
　주왕산 제1폭포를 여성에 비유한다면 물줄기가 힘차게 쏟아지는 달기폭포는 남성에 비유된다. 달기폭포 아래에 있는 용이 하늘에 올라갔다는 전설을 간직한 용소는 명주꾸리를 다 풀어도 닿지 않을 정도로 깊었다고 한다.

절골계곡

07 하늘아래 별천지
절골계곡

   부동면 이전리에 있는 절골계곡은 주왕산의 등산로가 있는 대전사나 달기폭포가 있는 쪽보다는 찾는 이가 많지 않아 조용하지만, 주왕산 남동쪽에 있는 계곡으로 맑고 깨끗한 물이 사시사철 흐르고 있을 뿐만 아니라, 죽순처럼 우뚝 솟은 기암괴석과 울창한 수림으로 둘러싸여 있고, 원시적인 비경을 고스란히 간직하고 있어서 마치 별천지와 같은 분위기를 자아내는 계곡이다.
   암벽을 사이에 두고 불어오는 골바람은 한여름에도 등골이 오싹할 정도로 시원하고 계곡이 깊어서 굽이굽이 들어갈수록 나무그늘도 많다. 놀기 좋은 넓적한 바위가 물가에 늘어져 있는 새로운 풍경이 펼쳐지고 맑은 공기와 싱그러운 산내음이 찾는 이를 반겨준다.

주산지의 가을

08 영화 〈봄, 여름, 가을, 겨울 그리고 봄〉의 촬영지
주산지

　부동면 이전리에 있는 자그마한 호수인 주산지(注山池)는 경종 원년(1720)에 만들어진 농업용 저수지로 아무리 가뭄이 들어도 바닥을 드러낸 적이 없었다고 한다.
　주왕산 영봉에서 뻗어 나온 울창한 수림에 둘러싸여 한적하고 아늑한 분위기를 자아내고 있는 주산지는 영화 〈봄, 여름, 가을, 겨울 그리고 봄〉의 촬영지로 한층 유명해졌고, 예전부터 사진작가들이 새벽이슬에 옷을 적셔가며 담고 싶어 하는 빼어난 사진촬영지로 알려진 명소이다.
　주산지 한가운데는 머리카락을 바람에 살랑이고 있는 수령 150년 된 굵은 왕버들과 버드나무 고목 30여 그루가 물에 잠긴 채 자생하고 있고, 산 위에서 불어오는 바람이 버드나무를 쓸어내리는 소리는 마음을 고요하게 만들어 평화

1 물에 잠겨 죽어가는 왕버들
2 주산지 입구 암벽에 붙어사는 이끼

로움을 가져다준다. 파란 하늘과 울창한 숲, 아침 해가 호수를 비추는 풍경, 바람이 불어 물안개가 사라져가는 모습, 호수 위에 반영된 물속에 잠긴 왕버들 가지 등의 신비를 담은 주산지의 경치는 그야말로 자연만이 만들 수 있는 세상의 유일한 창조물을 보는 듯하다.

기암

09 주왕의 전설이 깃든 신비한 산
주왕산

　부동면 일대에 솟아 있는 주왕산은 높이 721m로 그리 높지 않은 산이지만 신비로운 기암괴석이 많고 울창한 숲과 맑고 아름다운 계곡을 많이 갖고 있어 국립공원으로 지정된 명산이다.

　주왕산은 산의 모습이 돌로 병풍을 친 것 같다 하여 옛날에는 석병산(石屛山) 또는 주방산(周房山)이라 하였다. 중국 당나라 때 주도(周鍍)가 진나라의 회복을 꿈꾸며 변란을 일으켰으나, 당나라에 패하여 숨어 살다가 신라의 마 장군에 의해 주왕 굴에서 최후를 맞았다는 주왕(周王)의 이름을 따서 신라 때부터 주왕산으로 불리게 되었다고 하며, 산봉우리와 암굴마다 주왕의 전설이 얽혀 있다.

　주왕산 관광의 가장 일반적인 코스인 주방계곡 코스는 대전사 뒤쪽으로 제

1폭포와 제2, 3폭포를 지나 내원마을까지 갔다가 돌아오는 코스로 주왕과 마 장군이 격전을 했었다는 기암, 주왕의 딸인 백련공주의 이름을 딴 백련암, 병풍바위, 앞으로 넘어질 듯 솟아오른 급수대, 신선이 놀았다고 하는 신선대와 선녀탕, 시루봉, 청학과 백학이 둥지를 틀고 살았다는 학소대, 주왕의 아들과 딸이 달구경을 했다는 망월대, 동해가 바라다보이는 왕거암, 주왕이 무기를 감추었다는 무장굴, 주왕이 숨어 살았다는 주왕굴 등 기암괴석과 울창한 숲이 어우러져 산세가 웅장하고 매우 아름다워 주왕산 일원이 명승 제11호로 지정되었다.

주왕산은 밖에서 보면 산세가 단조롭고 부드러워 보이나 주왕산 일원의 지질이 풍화와 침식에 대한 저항력이 강한 백악기의 화산암류로 구성되어 있어 뛰어난 자연경관을 갖고 있으며, 설악산, 월출산과 함께 우리나라 3대 악산이라 일컬어질 정도로 기암괴석이 많고, 폭포가 어우러진 주방계곡 이외에도 절골계곡, 월외계곡, 얼음골 등 절경이 이어지는 명산이다.

주왕산은 멸종위기에 있는 동·식물의 보고이다. 특히 주왕산의 산철쭉을 '수달래(壽斷花)'라고 부르는 것은 옛날 주왕이 마 장군의 화살에 맞아 사망하고, 그의 피가 주왕굴에서 냇물에 섞여 계곡을 붉게 물들이며 흘러내렸는데, 그

1 명경지수
2 급수대
3 폭포

1 시루봉 2 바위틈에 핀 이름 모르는 야생화 3 보광전과 기암

이듬해부터 보지 못하던 꽃이 계곡을 따라 피기 시작했기 때문에 주왕의 피가 꽃이 된 것이라 믿게 되었다는 전설이 있다.

주왕계곡 입구에 있는 대전사는 신라 문무왕 12년(672)에 의상대사가 창건했다고 전해진다. 대전사 보광전은 현종 13년(1672)에 중창하였으나, 건축연대가 명확한 조선중기 다포양식의 목조건물로 내부단청과 벽화는 회화성이 돋보이는 빼어난 작품으로 건축 당시의 원형이 잘 보존되어 있어 보물 제1,570호로 지정되었다.

찬경루와 연못

10 소헌왕후의 혼
찬경루와 운봉관

　청송읍 월막리에 있는 찬경루(讚慶樓)는 세종 10년(1428) 청송부사 하담(河澹)이 건립하였으며, 화재로 소실되어 숙종 14년(1688)에 중수하였는데, 일설에는 세종의 왕자들이 어머니인 소헌왕후 청송심씨를 위해 건립하였다는 설도 있다. 정면 4칸, 측면 4칸의 2층 누각으로 '송백강릉(松柏岡陵)'이란 현판은 안평대군의 글씨라고 전해져 오고 있고, '찬경루'(경북유형문화재 제183호)는 관찰사 홍여방이 누각에서 보광산에 있는 소헌왕후의 시조인 심홍부(沈洪孚)의 묘를 바라보며 우러러 찬미한다는 뜻으로 지었다고 한다.

운봉관

찬경루 바로 옆에 있는 운봉관(雲鳳館, 경북유형문화재 제252호)은 조선시대 때 청송도호부의 객사(客舍)로 세종 10년에 찬경루와 함께 건립되었으나, 화재로 소실되어 몇 차례 중수하였다. 1918년 중당과 서익사는 없어지고 동익사만 남아 있었으나, 2011년에 '소헌공원' 조성사업으로 중당과 서익사를 중수하였다고 한다.

운봉관

11 사랑 약속의 상징
청송관리왕버들과 만세송

   파천면 관리에 있는 청송관리왕버들은 버드나무과에 속하는 나무로 버드나무에 비해 키가 크고 잎도 넓기 때문에 왕버들이라고 불리며, 높이 10.2m, 둘레 6.5m이고, 수령 약 400년인 고목으로 천연기념물 제193호로 지정되었다.

   왕버들 옆에 있는 가지가 넓게 퍼진 만세송(萬歲松)은 왕버들과 소나무가 거의 붙어 있어 멀리서 보면 마치 한 나무처럼 보였었지만, 2008년 고사하여 베어내 지금은 밑동만 남아 있고, 자그마한 소나무 한 그루를 심어 놓았다.

   왕버들과 소나무에는 남녀의 사랑약속을 상징한다는 이야기가 전해온다. 임진왜란 때 동네의 한 총각이 예쁜 처녀의 아버지를 대신하여 전쟁터로 가면서 사랑의 징표로 왕버들을 심고 결혼을 약속하였는데, 3년간의 전쟁이 끝났지만

총각이 돌아오지 않자 기다리던 처녀는 왕버들에 목을 매고 자살했다. 그 후 왕버들 옆에 예쁜 소나무가 자라나자 마을 사람들은 죽은 처녀의 넋이라고 생각하여 왕버들과 함께 잘 보호하였다고 한다.

   왕버들은 버드나무과에 속하는 낙엽활엽교목으로 버드나무보다 키가 크고 잎이 넓은 것이 특징이다. 꽃은 4월에 잎과 같이 피며 암수 꽃이 다른 그루에 달린다.

12 전국제일 청송사과

　전국 어디를 가나 도로변에서 팔고 있는 사과는 '청송사과'라고 광고를 하고 있는데, 거의 대부분은 가짜 '청송사과'이다. 청송은 들이 별로 넓지 않아 사과를 재배하는 과수원이 많지 않으므로 생산하는 사과는 그 양이 매우 제한되어 있다. 그러나 대부분의 사과장수가 '청송사과'를 내세워 질이 좋은 사과 곧 '청송사과'라는 것을 선전하는 데에는 충분한 이유가 있다.

　청송은 전국 최고의 청정공기와 맑은 물이 흐르는 무공해 지역이고 연평균 기온이 12.6℃로 사과재배에 적당하며 생육기간 중 일교차가 13.4℃로 육질의 치밀함과 색깔 내기 및 당도를 향상시키는 데 가장 알맞은 조건을 갖추었다. 강수량이 매우 적고, 해발 250m의 표고와 사과나무의 생육기간인 4~11월의 일조시간이 1,520시간으로 길어 일조량이 풍부하므로 고운 빛깔의 사과를 생산하는 데 천혜의 조건을 갖추고 있다.

　청송군에서 사과재배가 차지하는 비중은 농업생산액의 28% 정도로 단일작목으로는 최고이므로 청송군은 소득사업의 일환으로 이상적인 기후조건과 저농약재배 및 산야초, 농산부산물 등의 유기질비료로 지력을 증진하여 고품질의 사과를 생산할 수 있도록 주생산지의 명성에 걸맞는 종합적인 사과재배기술의 개발에 전력을 다하고 있으므로 품질과 맛이 좋은 사과가 생산되는 것이다.

13 자연과 인공의 조화
청송 얼음골과 인공폭포

　부동면 내룡리에서 영덕 옥계계곡 방향인 동쪽으로 2km 정도 가면 골짜기가 깊고 기암괴석이 많으며 수목이 울창한 절경이 나온다. 이 절경을 따라가면 인적이 드문 잣 밭골 입구에 자그마한 동굴이 나오는데, 한 여름철 기온이 32℃ 이상이 되면 돌에 얼음이 끼고, 32℃ 이하가 되면 얼음이 녹아내린다. 신기하게도 기온이 올라가면 갈수록 얼음이 두껍게 언다.
　전국적으로 얼음골은 여러 장소가 있다. 이러한 현상은 완전히 규명되지 않았지만, 지형 및 지질적 특성은 일사량이 적은 북향의 경사면에 용암이 분출될 때 만들어진 화강암이 치밀하지 않아 구멍이 많이 뚫려 있고, 부분적으로 지하수계와 연결되어 있는 경우 암반 밑의 지하수가 증발할 때 열을 빼앗아 얼음이 얼고 내부의 공기가 밖으로 흘러나오면서 찬바람을 만든다는 설이 가장 유력

한 것 같다.

　청송 얼음골에서는 석빙고 속에 있는 것처럼 두꺼운 옷을 입고 있어도 더운 줄 모르고, 이끼가 낀 바위를 감싸고 흘러내리는 청산옥계수에 손을 담그면 마치 얼음같이 차다.

　1999년 '원자바위'의 절벽을 활용하여 완공한 높이 62m의 인공폭포는 여름에는 얼음골을 찾은 나그네에게 시원한 청량제 역할을 하고, 겨울에는 얼음골이 음지이기 때문에 한번 얼어붙은 폭포는 잘 녹지 않아 2월 말까지 빙벽타기를 즐길 수 있다. 또한 매년 겨울(1월 초순) '청송주왕산 전국아이스클라이밍선수권대회'가 이곳에서 열리고 있다.

　직경 1cm의 로프에 의지한 채 빙벽을 오르는 모험가들의 인공폭포의 얼음벽에서 아슬아슬 모험을 즐기는 모습은 빙벽을 등반하는 사람뿐만 아니라 구경하는 사람들에게도 짜릿함과 성취감을 전해주므로 얼음골의 겨울풍경은 정말 장관이다.

14. 승천하지 못한 이무기가 변한 바위
현비암

청송읍 월막리에 있는 현비암(賢妃岩)은 청송읍 내를 가로지르는 용전천 변에 솟아오르는 듯한 높이 20여 미터의 단애로, 절벽 아래의 물이 깊고 맑아 기암절벽과 울창한 수목이 물에 비쳐 기이하고 아름다운 경관이 보기만 해도 시원하다.

현비암이라는 명칭은 바위 뒷산에 청송심씨의 시조 묘가 있는데, 세종대왕의 비인 소헌왕후 심씨 같은 어진 왕비가 태어났다고 해서 붙여졌다고 하며, 이 바위가 멀리서 보면 용머리와 같은 형상을 하고 있다고 해서 일명 '용비암'이라고도 한다.

이른 아침 빨래하러 왔던 아낙네가 수천 년 동안 승천의 꿈을 키워 온 이무기의 승천하려는 모습을 보고 놀라 "에그머니 용이야!"라고 소리 지르자 용은 승천하지 못하고 그 자리에 떨어져 바위가 되었으며 바위 밑에 흐르는 하천은 승천하지 못한 용이 원통해서 흘린 눈물이라고 하는 전설이 있다.

용전천에는 '외씨버선길'의 일부인 수달생태관찰로가 조성되어 있어 운이 좋으면 천연기념물 제330호인 수달도 볼 수 있다.

2006년 20여 미터의 인공 쌍폭포를 설치하고 야간 조명시설까지 설치하여 야경도 볼 만하다. 맞은편에 있는 찬경루와 운봉관을 함께 관람할 수 있으며, 매년 여름(7월 중순~8월 중순)에 각종 물놀이시설을 설치하고 '현비암 강수욕장'을 개장한다.

15 | 벼락을 막아주는 나무
홍원리 개오동나무

부남면 홍원리에는 우리나라에서 가장 크고 오래된 개오동나무 3그루가 나란히 자라고 있는데, 수령이 약 300년 된 것으로 추정된다. 가운데 나무의 높이가 10.3m이고, 동쪽으로 7m 떨어져서 한 그루, 서쪽으로 1.5m 떨어져서 한 그루씩이 외줄기로 자라고 있는데, 개오동나무로서는 유일하게 천연기념물 제401호로 지정되었다.

이름에 '개'가 접두어로 붙은 나무는 원래 이들의 나무보다 무엇인가 모자란다는 의미가 강하나, 오동나무에 '개'가 붙은 개오동나무는 식물학적으로는 과(科)가 다르지만 잎이 비슷하다고 이런 이름을 붙인 것 같고, 개오동나무의 열매는 한방에서 이뇨제로 많이 쓰이고 있다.

개오동나무는 뇌신목(雷神木) 또는 뇌전동(雷電桐)이라 하여 벼락을 피할 수 있는 나무라고 알려져 있는데, 실제 효과는 알 수 없으나 굳이 과학적인 근거를 따지자면 개오동나무는 키가 크기 때문에 피뢰침의 역할을 할 가능성은 있다.

청송군 그 외의 여행지

중평솔밭과 묵계솔밭

 파천면 중평리 입구에 있는 중평솔밭은 3천여 평의 소나무 숲으로 수령 200년 이상 된 소나무 80여 그루가 울창한 숲을 이루고 있다. 주변에 깨끗한 강이 흐르고 있고 정비가 잘 되어 있어 물고기를 잡으며 놀 수 있으므로 많은 피서객이 몰려온다.

 파천면 송강리에 있는 묵계솔밭은 200여 그루의 소나무가 도로를 따라 있어 드라이브 코스에 시원한 그늘을 마련해 주고 있다.

진보향교와 송만정

1 진보향교 2 송만정

 진보면 광덕리에 있는 진보향교는 태종 4년(1404)에 건립되었고, 고종 19년(1882)에 현 위치로 이건되었다. 건물의 배치는 대성전을 뒤로한 전학후묘의 형식으로 현재는 대성전, 명륜당, 서재, 내삼문과 외삼문만 남아 있으며 경북유형문화재 제201호로 지정되었다.

 진보향교 입구에 있는 송만정(松巒亭)은 송만정 권춘의 후손들이 1863년에 건립한 정자로 정면 4칸, 측면 1칸의 중당협실형의 건물로 경북문화재 제 577호로 지정되었다.

청송만지송

청송읍 부곡리에 있는 청송만지송은 소나무의 밑 둘레가 약 4m이고, 줄기가 5m 정도 올라가서는 여러 줄기로 갈려 줄기와 가지가 만 가지로 넓어져 수형이 아름답고, 청정청송을 상징하는 나무로 옛날에는 '백지송'이라고도 불렸다.

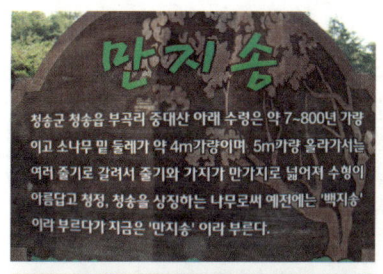

청송민속박물관

청송읍 송생리에 있는 청송민속박물관은 청송의 민속문화를 조사, 연구, 보전, 전시함으로써 향토문화의 형성과정을 이해하고, 휴식공간을 제공하기 위해 전시실과 야외전시장으로 이루어져 있다.

전시실에는 정월부터 섣달까지 윤달을 포함하여 절기별로 행하여지던 세시풍속을 민속자료와 모형으로 전시하고 있고, 야외전시장에는 장승, 솟대, 선돌, 복이 나가는 것을 방지하는 비보의 기능을 가진 조상, 원두막, 물레방아, 연자방아, 주막 등을 조성하였다.

1,2 통시와 주막집

청송신기리느티나무와 밀양박씨 효부각

1 느티나무 2 밀양박씨 효부각

파천면 신기리에 있는 청송신기리느티나무는 키 10m, 둘레 8.45m이고 수령 약 350년으로 추정된다. 지상 1.6m 정도에서 줄기가 5개로 갈라져 비스듬히 퍼져나갔는데, 큰 가지의 일부가 고사되어 수세도 약해졌지만 마을의 당산목으로 보호되고 있으며, 천연기념물 제192호로 지정되었다.

신기리 입구에 있는 밀양박씨 효부각은 밀양박씨 박상복의 딸이 평해황씨 황기억의 부인이 되어 시아버지가 병환으로 음식을 들지 못하자 자신의 젖을 짜서 목숨을 연명시켰고, 꿈에 한 노인이 나타나 시아버지의 병을 상엿집 대들보 밑의 큰 뱀을 잡아 봉양하면 나을 것이라고 하자 그대로 하여 완쾌되었다고 세워진 것이다.

청송 안덕면의 향나무

청송 안덕면의 향나무(청송군 제공)

안덕면 장전리에 있는 청송 안덕면의 향나무는 키가 7.65m이고, 줄기는 지상 1m 정도에서 세 개로 갈라졌다. 갈라진 네 가지의 둘레는 1.5~2.2m이고 밑동의 둘레는 4.3m나 되며, 수령은 약 400년으로 추정되지만 정확하지는 않다. 영양남씨의 묘소 옆에서 자라며 나무의 키보다 수관목이 넓게 퍼져 있어 눈향나무 같은 수형으로 천연기념물 제313호로 지정되었다.

청송양수발전소

1 상부댐
2 상부댐의 조경시설

청파천면 신흥리에 있는 청송양수발전소는 전력수요가 적은 심야전력을 이용해서 하부댐의 물을 상부댐으로 끌어올려 저장해 두었다가 전력수요가 많은 낮 시간대에 60만kw까지 발전할 수 있는 대형양수발전소다.

상부댐과 하부댐 주위에 녹지대와 동물 이동통로를 만들고 발전시설은 땅 밑에 설치한 친환경발전소로 관람객이 직접 양수발전의 원리를 이해하고 체험할 수 있는 체험전시관, 입체영상관 등이 있는 홍보관, 향토문화관, 야외공연장 등이 있고, 상부댐에는 태백준령의 화려한 모습을 볼 수 있는 전망대가 있다.

발전시설을 볼 수 있는 지하시설은 예약(전화:054-870-6240)을 하여야 관람할 수 있지만, 홍보관과 상부댐은 언제든지 관람이 가능하다.

청송자연휴양림

청송자연휴양림(청송자연휴양림 제공)

부남면 대전리에 있는 청송자연휴양림은 여름철의 신록과 가을철의 단풍으로 경관이 수려하고 삼림욕장과 야영장이 잘 정비되어 있으며, 휴양림 주위의 산허리에 등산로가 개설되어 있어 산보하기에 좋은 환경을 갖추고 있다.

청송자연휴양림은 청송군(예약전화:054-872-3163)에서 직접 관리하고 있다.

청운동성천댁

 청송읍 청운리에 있는 청운동성천댁은 풍수지리적으로 맑고 생생한 기운을 풍성하게 머물도록 돕는다는 배산임수 지형에 'ㅁ'자 형태의 고택으로 중요민속자료 제172호로 지정되었다.

 대청마루의 좌우로 사랑방과 작은방, 큰방이 위치해 있고, 좁은 안마당을 지나면 부엌과 외양간이 자리 잡고 있어 경상도 북부지역의 까치구멍집과 비슷하다. 정확한 건축연대는 미상이나, 18세기의 대표적인 민가주택으로 민가 평면 연구에 좋은 자료이다.

청송군의 축제 및 문화행사

축제 및 문화행사	일시	장소(연락처)	특징
청송문화재	10월	사과공원, 청송민속박물관 (054-873-2527)	풍년기원제, 전통혼례식, 전통놀이 체험 등
주왕산 수달래축제	5월 초순	주왕산 일원 (054-870-6227)	수달래 제례, 청송한지만들기 체험, 청송사과시식 등
청송사과축제	10월 하순	청송사과공원 (054-870-6227)	사과진록게임, 민속체험 등

청송군의 재래시장

재래시장(위치)	장날	특산물
청송장(청송읍)	4일, 9일	청송사과, 산나물, 표고버섯 등
도평장(현동면)	5일, 10일	수산물, 청송사과, 잡곡류 등
부남장(부남면)	3일, 8일	청송사과, 산나물, 잡곡류 등
화목장(현서면)	1일, 6일	청송사과, 산나물, 고추, 잡곡류 등
안덕장(안덕면)	4일, 9일	청송사과, 고추, 잡곡류 등
진보장(진보면)	3일, 8일	청송사과, 수산물, 고추 등

청송군의 체험관광, 고택체험과 숙박시설

이름	주소	전화
주왕산 온천광광호텔	청송읍 월막리 69-2	054-874-7000
황장재 황토구들 관광호텔	진보면 괴정리 206-3	054-874-4800
꿈의궁전	부동면 상의리 792	054-874-1611
금강장여관	청송읍 월막리 247	054-874-2121
동원장여관	청송읍 부곡리 416-2	054-873-0808
안덕장여관	안덕면 감은리 582-1	054-872-8885
송백장여관	현서면 구산리 201-9	054-872-3456

흑고산장	부동면 항리(얼음골)	010-9227-5020
정보화마을 (사과 따기, 사과꽃따기)	부동면 일대	054-873-2902
녹색농촌체험마을 (농촌체험, 전통음식체험 등)	청송읍 월외리	054-873-1138
전통공예체험장 (장승 및 솟대만들기)	부동면 하의리 6-3	054-873-9070
청송옹기체험관	진보면 진안리 351-1	054-874-3362
송소고택(고택체험)	파천면 덕천리 176	054-874-6556

청송군의 맛집

상호	메뉴	위치	전화
장수매운탕식당	쏘가리탕	진보면 고현리 142-5	054-872-2021
주왕산가든	토종닭	부동면 하의리 775-1	054-874-4991
청송맷돌순두부	순두부찌개	현서면 모계리 501-2	054-872-7077
청송한우왕식육식당	갈비살	파천면 관리 577-6	054-872-4343
신진보숯불갈비	갈비, 불고기	진보면 각산리 288-1	054-873-1220
안덕식육식당	갈비, 불고기	안덕면 명당리 383-9	054-872-5959
잉어식당	장어구이, 매운탕	파천면 송강리 243	054-872-2772
달기오리촌식당	오리백숙	청송읍 부곡리 387-8	054-873-5037
소슬밥상	정식	파천면 198	054-873-6300
송이가든	버섯전골	부동면 하의리 751	054-874-0066
흑고산장	염소불고기	부동면 항리	010-9227-5020

송해범 교수 약력

출생:1947년 1월 6일(음력:丙戌 12월 15일)
　　　先親 麗山宋氏 成義 校長과 慈親 豊山柳氏 曾規 女史의 4
　　　男 중 次男으로 出生
본적:경상북도 영주시 풍기읍 백 1리 231번지
주소:경상북도 경산시 중방동 이편한세상아파트 205동 1701호

〈학 력〉

1953-1959 : 풍기국민학교 졸업

1959-1962 : 풍기중학교 졸업

1962-1965 : 영주종합고등학교 농과 졸업

1966-1973 : 고려대학교 농과대학 축산학과 졸업(농학사)

1974-1976 : 고려대학교 대학원 축산학과 졸업(농학석사)

1982-1985 : 日本 京都大學 대학원 농학연구과 졸업(농학박사)

〈경 력〉

1968. 12-1971. 11 : 육군 만기제대

1973. 9-1979. 2 : 고려대학교 농과대학 조교

1976. 3-1979. 2 : 상지대학교 강사

1979. 3-1981. 10 : 고려대학교 식량개발대학원 연수과정 촉탁전임강사

1981. 10-1982. 3 : 日本 京都大學 농학부 연구원

1985. 3-1989. 2 : 고려대학교 농과대학 강사

1986. 3-1990. 2 : 대구대학교 농과대학 조교수

1986. 9-1987. 2 : 건국대학교 대학원 축산학과 강사

1988. 3-1993. 2 : 대구대학교 농과대학 축산학과장

1988. 3-1989. 2 : 대구대학교 농과대학 부속농장장

1988. 3-1989. 2 : 대구대학교 농과대학 부속재활농장장
1989. 3-1994. 2 : 대구대학교 대학원 축산학과장
1990. 3-1995. 8 : 대구대학교 농과대학 부교수
1992. 7-2002. 12 : 대구경북염소사육협동조합 자문위원
1995. 9- 현재 : 대구대학교 생명환경대학 교수
1996. 3-2000. 2 : 대구대학교 자연자원대학 학장
1998. 7-1999. 2 : 대구대학교 자연자원대학 부속농장장
1998. 7-2002. 6 : 경상북도농업기술원 겸임연구관
2000. 1-2004. 12 : 한국수정란이식학회 부회장
2000. 3-2007. 2 : 경상북도 농업산학협동심의회 심의위원
2005. 1-2005. 12 : 한국수정란이식학회 회장
2007. 2-2008. 1 : Phillipines Carabao Center 객원연구원
2008. 3-2010. 2 : 대구대학교 생명환경대학 동물자원학과장
2008. 3-2010. 2 : 대구대학교 대학원 축산학과장

〈가족상황〉

母 柳曾規(本貫 豊山)

妻 金淑子(本貫 豊山, 이화여자대학교 영어교육과)

子 宋在庸(고려대학교 산업시스템정보공학과, GM Korea 대리)

子婦 嚴珠姬(本貫 寧越, 충주대학교 중국어과, 송파JJ학원 강사)

子 宋圭庸(대구한의대학교 한의학과 재학)

〈박사학위논문〉

STUDIES ON FERTILIZATION IN VITRO IN THE GOAT (1985, 日本 京都大學)

〈석사학위논문〉

姙娠兎 生殖器官의 變化에 관한 組織學的 硏究 I. 膣의 變化에 관하여 (1976, 고려대학교)

〈박사학위 지도논문〉

박기상 2003 A Study on Mouse and Human Germ Cell Culture for Improvement of Pregnancy Rates in In Vitro Fertilization- Embryo Transfer Technique -
최인경 2004 돼지 미성숙 난포란의 유리화동결에 관한 연구
이동목 2005 Matrix METALLOPROTEINASE-9 이 임신과 자궁근종에 미치는 영향
최석규 2010 경주개 동경이의 기원과 품종의 특성에 관한 연구
김지철 2011 생쥐와 인간 배아의 효과적인 동결보존방법의 확립에 관한 연구

〈석사학위 지도논문〉

서병부 1992 마우스 初期胚 體外培養 細胞分裂中止現狀에 관한 硏究
김광식 1992 마우스 초기배의 체외배양에 있어서 세포분열중지 극복에 관한 연구
박기상 1992 마우스에 있어서 체외수정의 제반조건과 수정율의 향상에 관한 연구
최인경 1998 각 성숙단계에서 동결·융해한 돼지 난포란의 발달능력
이일동 1998 마우스 초기배의 체외배양에서 배양액 첨가물질의 효과에 관한 연구
김수희 1998 인간 포배기 배아 동결보존과 임신에 관한 연구
이현주 1998 신생 마우스에서 분리한 난자의 체외발생능력에 관한 연구
이동목 1999 Interleukin-2(IL-2)가 가축의 번식효율 증진에 미치는 영향에 관한 연구
김지철 2000 체외에서 성숙된 소 배의 체외발생에 미치는 온도충격의 영향
이승진 2000 세포질 내 지방구를 제거한 돼지 난포란의 유리화동결에 관한 연구
임효정 2000 분만간격과 산자수에 의해 선발한 재래염소의 후대능력에 관한 연구
김주환 2001 생쥐 preantral follicles의 간단한 분리법과 체외배양 조건에 관한 연구
공건오 2001 한우 배의 체외생산에 미치는 생물학적 요인
이재익 2002 경북지방과 욱지도 염소의 형태적 특징 및 체형 비교
이향흔 2002 돼지 난자의 체외수정 시 Adenosine di-phosphate(ADP)첨가가 배 발달에 미치는 영향
김선영 2003 돼지 난포란의 유리화동결 방법에 관한 연구
박성백 2004 Effects of the Various Addition and Exclusion Time of Glucose on Development of Mouse 2 Cell Embryos
설현석 2006 고급육생산 한우 유전자의 재활용을 위한 개체별 체외수정 체계의 개발

석상현 2007 한우의 체외수정란을 이식한 수란우의 임신기간과 산자의 생시 체중 및
Flunixamine 투여가 수태율에 미치는 영향
김혜진 2009 한우 난포란의 체외성숙 시 유동처리가 체외수정란 생산에 미치는 영향
권은정 2009 한우 배반포 배의 동결보존방법 개발에 관한 연구
김정수 2011 조방적 환경과 집약적 환경에서 사육한 흑염소의 번식능력에 관한 연구
이준호 2012 세포배양액 첨가제로 한우혈청의 이용가능성에 관한 연구

〈저 서〉

1. 가축번식학실험 (1985, 방한출판사)
2. 가축번식학연구 (1986, 선진문화사)
3. 4정 가축번식학 (1986, 향문사)
4. 돈육생산학 (1994, 형설출판사)
5. 가축번식생리학 (1995, 선진문화사)
6. 소 수정란이식 (1995, 정문각)
7. WTO체제를 이기는 흑염소 (1997, 대구대학교출판부)
8. 양축농가의 새로운 선택 흑염소·사슴 (1999, 농민신문사)
9. 개정 돈육생산학 (1999, 형설출판사)
10. 동물과 환경 (2002, 대구대학교출판부)
11. 인간과 동물 (2003, 선진문화사)
12. 주제별로 본 농업의 세계 (2003, 대구대학교출판부)
13. 흑염소사양관리가이드북 (2003, 농협중앙회)
14. Atlas of goat products (2004, La Biblioteca Di CASEUS)
15. 소의 최신번식기술 (2005, 월드사이언스)
16. 포유동물생식생리학 (2006, 선진문화사)
17. 동물생식공학 (2007, 선진문화사)
18. 개정 인간과 동물 (2008, 선진문화사)

〈연구논문〉

1. 姙娠兎 生殖器官의 變化에 관한 組織學的 硏究 I. 膣의 變化에 관하여 (1976, 한국축산학회지)

2. 닭의 人工受精에 있어서 適正注入 精子數 및 注入間隔에 關한 研究 (1978, 한국축산학회지)
3. 農畜産物 輸入自由化와 農村새마을 所得事業에 관한 研究 (1979, 새마운동연구논문집)
4. 닭의 人工受精에 있어서 適正注入 精液量에 관한 研究 (1980, 한국축산회지)
5. 닭의 人工受精에 있어서 適正注入間隔에 관한 研究 (1981, 한국가축번식연구회지)
6. Fertilization in vitro of cattle follicular oocytes with ejaculated spermatozoa capacitated in a chemically defined medium(1984, Journal f Reproduction and Fertility)
7. 山羊における 體外受精 －精巣上體精子による 體外受精－ (1985, 日本家繁殖誌)
8. Indirect Assessment of Sperm Capacitation Using Zona-free Hamster Eggs in the Goat. I. Penetration into Zona-free HamsterEggs y Goat Spermatozoa Preincubated in the Uteri Isolated from amster and Rats (1985, 한국가축번식연구회지)
9. Indirect Assessment of Sperm Capacitation Using Zona-free Hamster Eggs in the Goat. II. Penetration into Zona-free Hamster ggs by Goat Spermatozoa Preincubated in a Chemically Defined edium (1985, 한국가축번식연구회지)
10. Studies on Collection of Ovulated Eggs and Follicular Oocyes in the Goat after Treatments with Gonadotropin(1986, 한국낙농학회지)
11. Ultrastructural Observations of the Acrosome Reaction of Goat Spermatozoa Preincubated in the Hamster Uterus(1987, 한국가축번식학회지)
12. Studies on In Vitro Maturation of Follicular Oocytes in the Immature Goat(1987, 한국축산학회지)
13. In Vitro Fertilization of Goat Eggs with Capacitated Spermatozoa (1987, 농업과학연구, 대구대학교)
14. 산양의 체외수정에서 수정능력획득정자의 난포란에의 침입시기에 관한 연구(1988, 농업과학연구, 대구대학교)
15. 소 난포란의 체외성숙과 수정능력에 관한 연구 (1988, 한국축산학회지)
16. In Vitro Fertilization of Goat Follicular Oocytes with Spermatozoa (1988, 한국축산학회지)

17. 체외배양한 소 난포란과 햄스터적출자궁에서 전배양한 소 정자의 체외 수정에 관한 연구(1989, 한국가축번식학회지)
18. 배양액의 종류가 돼지 난포란의 체외성숙에 미치는 영향 (1989, 한국축학회지)
19. 소의 체외성숙 난포란의 체외수정과 발생에 관한 연구(1990, 한국축산회지)
20. Thoroughbred 정액의 액상보존에 관한 연구 (1990, 한국가축번식학회지)
21. Development of a Rapid Staining Method for Nucleus of the Oocyte from Domestic Animal(1991, 한국축산학회지)
22. 지역사회개발방법에 의한 흑염소 사육농민협동조합 조직에 관한 기구 (1991, 지역사회개발학술지)
23. 난관체류시간에 따른 생쥐 초기배의 체외발생능력 (1992, 대한불임학회)
24. Hormone의 처리방법이 Mouse의 배란, 핵 성숙도 및 체외수정에 미치는 영(1992, 한국수정란이식연구회지)
25. 흑염소의 임내방목이 산림에 미치는 영향(예보) (1992, 농업과학연구, 대구대학교)
26. Mouse의 연령과 체중이 배란율, 핵 성숙도 및 체외수정에 미치는 영향 (1992, 농업과학연구, 대구대학교)
27. Mouse의 체외수정에 있어서 수정능획득시간 및 수정시각의 비교 (1992, 농업과학연구, 대구대학교)
28. 햄스터 적출자궁에서 전배양한 소 정자의 난포란에의 침입시기 및 체외수정 초기상에 관한 연(1992, 한국가축번식학회지)
29. 협동조합을 통한 흑염소 사육농가 소득향상 방안에 관한 연구 (1993, 지역사회개발학술지)
30. Mouse 난자의 체외배양과 체외수정에 있어서 Medium에 첨가하는 Calcium Chelate 물질의 효(1993, 농업과학연구, 대구대학교)
31. 난자성숙시간에 따른 처녀발생유기 돼지난자의 초기발생 (1994, 한국수정란이식학회)
32. 생쥐 초기배 체외발생 중 세포분열중지 현상에 미치는 첨가물질의 효과 (1994, 한국수정란이식학회지)
33. Expansion of Porcine Cumulus Oophorus is Inhibited by Membrana Granulosa Cells(1994, 한국축산학회지)
34. 체외성숙 배양조건이 마우스 난자의 체외수정 및 다정자 침입에 미치는 영향(1994, 대한불임학회잡지)

35. 체외생산 소 초기배 할구세포의 Embedding Matrix에서의 발생능력 (1995, 한국수정란이식학회지)
36. 화학적 단순배양에서의 소 초기배의 발생능력 (1995, 한국수정란이식학회지)
37. 소 초기배의 단순배양액에서의 체외발생 및 개선효과 (1995, 한국수정란이식학회지)
38. 조사료원이 한국 재래산양의 섭취량과 소화율에 미치는 영향(1997, 한국초지학회지)
39. 농산부산물을 이용한 한국재래산양의 사료개발에 관한 연구(1997, 한국유기농업학회지)
40. Phytohemagglutin-M(PHA-M)으로 응집한 마우스 키메라배의 체외발생능력 (1997, 한국수정란이식학회지)
41. 소 초기배 할구세포의 체외발생능력 (1997, 한국수정란이식학회지)
42. β-Mercaptoethanol 첨가에 의한 소 초기배의 체외발생 효과 (1997, 한가축번식학회지)
43. 한국 재래산양의 채식과 반추행동에 관한 연구 (1997, 농업과학연구, 대구대학교)
44. 흑염소 영구치 발달과 연령과의 관련성에 관한 연구 (1997, 농업과학연구, 대구대학교)
45. 경북지역의 흑염소 내부기생충 감염률 조사 (1997, 한국가축위생학회지)
46. 인간 포배기 배아의 동결보존에 관한 연구(1998, 농업과학연구, 대구대학교)
46. 체세포의 공배양체계에서 단일 에너지원이 인간 배반포기 배의 형성에 미치는 영향 (1998, 대한불임학회잡지)
47. Cultivation of the Isolated Bovine Endometrial Stromal Cells and the Effect of Interleukin-2 on Its Proliferatio(1998, 대한면역학회지)
48. 소 난자의 체외성숙에 있어서 난구세포의 부착이 수정 후 배 발생에 미치는 영향(1998, 한국수정란이식학회지)
49. 한국 재래산양의 이유 후 초기사료개발을 위한 기초연구 (1998, 한국영양사료학회지)
50. 청동오리의 정액채취에 관한 연구 (1998, 한국가금학회지)
51. 배양액 첨가제가 마우스 초기배의 체외배양에 미치는 효과 (1998, 한국가축번식학회지)
52. Interleukin-2가 소 미성숙난포란의 핵 성숙에 미치는 효과 (1998, 한국정란이식학회지)
53. 각 성숙단계에서 동결·융해한 돼지 난포란의 발달능력에 관한 연구 (1998, 한국가축번식학회지)
54. 전갈(Buthus martensi Karsch)이 마우스 Natural Killer 세포활성에 미치는 영향 (1998, 생약학회지)

55. Interleukin-2가 쥐의 자궁내막증에 미치는 영향 (1999, 대한면역학회)
56. 방목과 가두리 혼합형에서 흑염소의 임내 방목이 산림에 미치는 영향 (1999, 농업과학연구, 대구대학교)
57. 난자 내 정자 직접주입술에서 난자의 처리방법이 난자의 발생능력에 미치는 영향 (1999, 대한불임학회지)
58. 인간 포배기 배아의 초자화동결에 관한 연구 Ⅰ.동결액과 발생단계가 초자화동결한 포배기 배아의 생존율에 미치는 영향(1999, 한국수정란이식학회)
59. Glutamine 함유 배양액에 첨가한 에너지원이 마우스의 배 발달에 미치는 영향(2000, 대한불임학회지)
60. 인간 포배기 배아의 초자화동결에 관한 연구 Ⅱ.초자화동결이 포배기 배아의 착상 및 임신에 미치는 영향(2000, 대한불임학회지)
61. 인간양수에 의한 생쥐 난자 투명대의 정자수용능력 억제의 관찰(2000, 대한불임학회지)
62. 체외에서 생산된 한우 배반포의 발달에 미치는 삼투압의 효과 (2000, 국수정란이식학회지)
63. 한우 난포란 유래 배반포의 체외생산을 위한 생물학적 요인들의 영향 (2000, 한국수정란이식학회지)
64. 난자채취 2일과 5일에 연속으로 실시한 배아 이식의 안전성과 효과 (2000, 대한불임학회지)
65. 생쥐 난소에서 Pre-antral Follicle의 단순분리법(2000, 대한불임학회지)
66. Late Fertilization of Unfertilized Human Oocytes in In Vitro Fertilization and Intracytoplasmic Sperm Injection Cycles :Conventional nsemination versus ICSI (2000. Journal of Assisted Reproduction and enetics)
67. 배양액에 첨가되는 Glucose가 시간의 경과에 따라 생쥐 2-세포기 배아의 발달 양상에 미치는 효과(2000, 대한산부인과학회지)
68. Comparison of Blastulation and Pregnancy Rates of Fertilized Human Oocytes Obtained after Conventional In Vitro Fertilizationand ntracytoplasmic Sperm Injection (2000, Journal of Mammalian Ova esearch)
69. 체외에서 성숙된 소 배의 체외발생에 미치는 온도충격의 영향 (2000, 한국가축번식학

회지)
70. 흑염소의 임내 방목이 산림에 미치는 영향 (2000, 농업과학연구, 대구대학교)
71. 한국재래염소의 번식능력에 관한 연구 (2000, 농업과학연구, 대구대학교)
72. 경북지방과 욕지도 염소의 형태적 특징 및 체형 비교 (2001, 과학기술연구, 대구대학교)
73. 호르몬 무 첨가 배양액에서 생쥐 Pre-antral Follicles의 체외성장과 난포강 형성 (2001, 대한불임학회지)
74. 체외성숙된 소 배에서 배양방법과 필수 아미노산 무첨가 배지에서의 온도충격의 영향 (2001, 한국수정란이식학회지)
75. 체외수정술에서 난자의 공배양 시점에 따른 배아 발생능력의 비교 (2002, 대한불임학회지)
76. The processing and marketing of the medicine products of goat in Korea(2002, 생명과학연구, 대구대학교)
77. Cryopreservation and Cryobiology of Mammalian Oocytes (2003, 생명과학연구, 대구대학교)
78. Culture Conditions of Gametes and Their Evaluating Systems in Mous(2003, 생명과학연구, 대구대학교)
79. 마우스 배반포 배의 Differential Staining에서 Propidium Iodide와 Bisbenzimide의 노출이 미치는 영향(2002, 대한불임학회지)
80. 마우스에서 배반포 형성, 세포 수 및 ICM의 비율에 미치는 배양액의 효(2002, 대한불임학회지)
81. 약령 마우스에서 분리한 난소의 기관배양에 관한 연구 (2002, 한국수정란이식학회지)
82. 약령 마우스에서 분리한 난포난자의 체외발생 (2002, 한국수정란이식학회지)
83. 배양액의 에너지원 조성이 생쥐 초기배 발달에 미치는 효과에 관한 연구(2002, 대한산부인과학회지)
84. A New Sperm Preparation Method for Testicular Sperm Extraction-Intracytoplasmic Sperm Injection (TESE-ICSI) Cycle : Simple, Effective and Rapid Metho(2002, Journal of Mammalian Ova esearch)
85. 세포질 내 지방구 제거가 돼지 난포란의 유리화동결에 미치는 영향 (2003, 한국수정란이식학회지)
86. The Clinical Outcomes after Embryo Transfer(ET) on Day 2 and Day 5 or

Subsequent ET on Day 2-5, 2-7, 3-5 and 4-7 in InVitro ertilization-ET Cycles (2003, 대한불임학회지)
87. Reproduction Traits in the Korean Native Goat Doe (2003, 한국가번식학회지)
88. 돼지 난포란의 동결보존 (2004, 생명과학연구, 대구대학교)
89. Glutamine 함유 배양액에서 glucose와 pyruvate의 조성이 착상 전 생쥐 배아의 체외발달에 미치는 영향(2004, 대한산부인과학회지)
90. 생쥐 pre-antral follicle의 체외 배양체계의 확립: 호르몬 무 첨가 배양액에서 혐-기질세포에 의한 난포의 체외성장 효과 (2004, 대한산부인과학회지)
91. 생쥐 배의 배반포 형성과 세포수에 미치는 Glucose의 영향(2004, 대한산부인과학회지)
92. Serum-Free Medium에서 배양한 한우 배의 내동성과 이식 (2004, 한국수정란이식학회지)
93. 생쥐 수정란의 동결보존 시 Electron Microscope (EM) Grid를 이용한 자동화동결방법의 효율성에 관한 연구(2004, 한국가축번식학회지)
94. 유리화동결액 노출이 돼지 미성숙 난포란의 성숙율, 수정율 및 배 발달 율에 미치는 영 (2004, 한국가축번식학회지)
95. Effects of various addition and exclusion time of glucose on development of mouse two-cell embryos(2004, 한국동물번식학회지)
96. IVF, ICSI 또는 TESE-ICSI에서 수정을 유도한 난자의 배아 발생능력 및 임신(2004, 대한불임학회지)
97. 돼지 난포란의 동결보존(2004, 생명과학연구, 대구대학교)
98. Effects of Isolating Methods(Mechanical or Enzymatical) on tructure of Pre-antral Follicles in Mouse (2005, Journal of Assisted eproduction and Genetics)
99. Reproductive performance of Korean native goats under natural nd intensive conditions (2005, Small Ruminant Research)
100. 돼지정액의 동결에 관한 연구 I. 냉각속도와 희석액이 동결융해 후 정액의 생존성과 정상첨체율에 미치는 영향 (2005, 한국수정란이식학회지)
101. 돼지 정액의 동결에 관한 연구 Ⅱ. 동결한 돼지정액의 체내, 체외수력 (2005, 한국수정란이식학회지)
102. Glucose와 Pyruvate의 농도가 조절된 DMEM 배양액에서 Vero세포를 용한 공배양

체계가 생쥐 착상전 초기배아의 체외발달에 미치는 효과 (2005, 대한산부인과학회지)

103. The expression of metalloproteinase-9 in human follicular fluid s associated with in vitro fertilization pregnancy (2005, Journal of bstetrics and Gynecology)
104. 육질이 우수한 한우의 난소에서 회수한 난포란의 체외발생능력 (2006, 한국수정란이식학회지)
105. Efficacy of Simple Assessment System of Oocyte Maturity in VF-ET Cycles (2006 Journal of Reproduction & Contraception ational Population and Family Planning Commission of China)
106. 사료급여체계가 재래종 및 교잡종 흑염소의 영양소 이용율, 질소축적 혈액성상에 미치는 영향 (2008, 한국초지사료학회지)
107. 한우의 체외수정란을 이식한 젖소 수란우의 임신기간과 산자의 생시체 및 성비 (2009, 한국수정란이식학회지)
108. 글루코스와 피부르산염의 농도가 조절된 DMEM과 Vero세포를 이용한 혈청 적응용 배양액의 개발에 관한 연구 (2010, 대한산부인과학회지)

〈학술발표회 특별강연 및 Full Paper〉

1. 소의 체외수정 (1985, 한국가축번식학회 춘계학술심포지엄)
2. Early Events of Sperm Penetration in Zona-Free Hamster Oocyte During Fertilization In Vitro (1993, 1993 축산분야 종합학술대회 Proceeding, 한국축산학회)
3. Examination of Reproductive Performance in Thoroughbred Mares During Breeding Season (1993, 1993 축산분야 종합학술대회 Proceeding, 한국축산학회)
4. The Characteristics of Korean Native Goat (1998, Proceedings of International Symposium on Future and Development Institute of Science and Technology, Daegu University)
5. The processing and marketing of the medicine products made of goat in Korea (2000, 7th International Conference on Goats, International Goat Association, France)
6. Timed Analysis of Mouse 2-Cell Embryo Development in Dulbecco's

Modified Eagle Medium(DMEM) in the Presence of Glutamine Supplemented with Glucose, Pyruvate or Lactate (2000, 56th Annual Meeting of ASRM, USA)

7. Reproduction Traits in the Korean Native Goat Doe(2001, 2001 International Conference on Boer Goat, Society of Sheep and Goat Research, Chinese Association of Animal Science & Veterinary Medicine, China)

8. The Marketing of the Goat in Korea (2001, 2001 International Conference on Boer Goat, Society of Sheep and Goat Research, Chinese Association of Animal Science & Veterinary Medicine, China)

9. 국내 재래염소의 개량방향 (2002, 생물 다양성 보존을 위한 한국재래가축 품종 정립 심포지엄, 한국동물자원과학회 동물육종유전연구회)

10. 국내 한우의 개체별 체외수정란 생산 (2003, 제3회 발생공학 국제심포지엄 및 학술대회, 한국발생생물학회, 한국가축번식학회, 한국수정란이식학회 공동)

11. Culture Conditions of Mouse Gametes and Their Evaluation Systems (2003, 제3차 국제심포지엄, 대구대학교 생명과학연구소)

12. Advances in the Cryopreservation of Porcine Embryos and Oocytes(2004, Agriculture, Biotechnology and Environment, 대구대학교 생명과학연구소)

13. Reproduction traits of the Korean Native Goat doe(2004, 8th International Conference on Goats, International Goat Association, South Africa)

14. Comparison with the range and feedlot conditions for reproductive performance in Korean native goats (2004, 8th International Conference on Goats, International Goat Association, South Africa)

15. Reproductive Performance of Korean Native Goat (2006, 4th International Symposium of LERI on Agriculture, Biotechnology and Environment〈International Competitiveness of Goat Industry〉, 대구대학교 생명과학연구소)

16. Reproduction Traits, Marketing and Assisted Reproduction of Goat in Korea (2011, Symposium on Animal Behavior and Control Mechanism, Linyi University, China)